Y TRYSOR O DAN Y FFATRI JAM

CHRISSIE SAINS

LLUNIAU GAN
JENNY TAYLOR

ADDASIAD CYMRAEG GAN
MARED LLWYD

Y Cymeriadau
FFLWFFEN
SGWTER
CADI
DAD
MAM

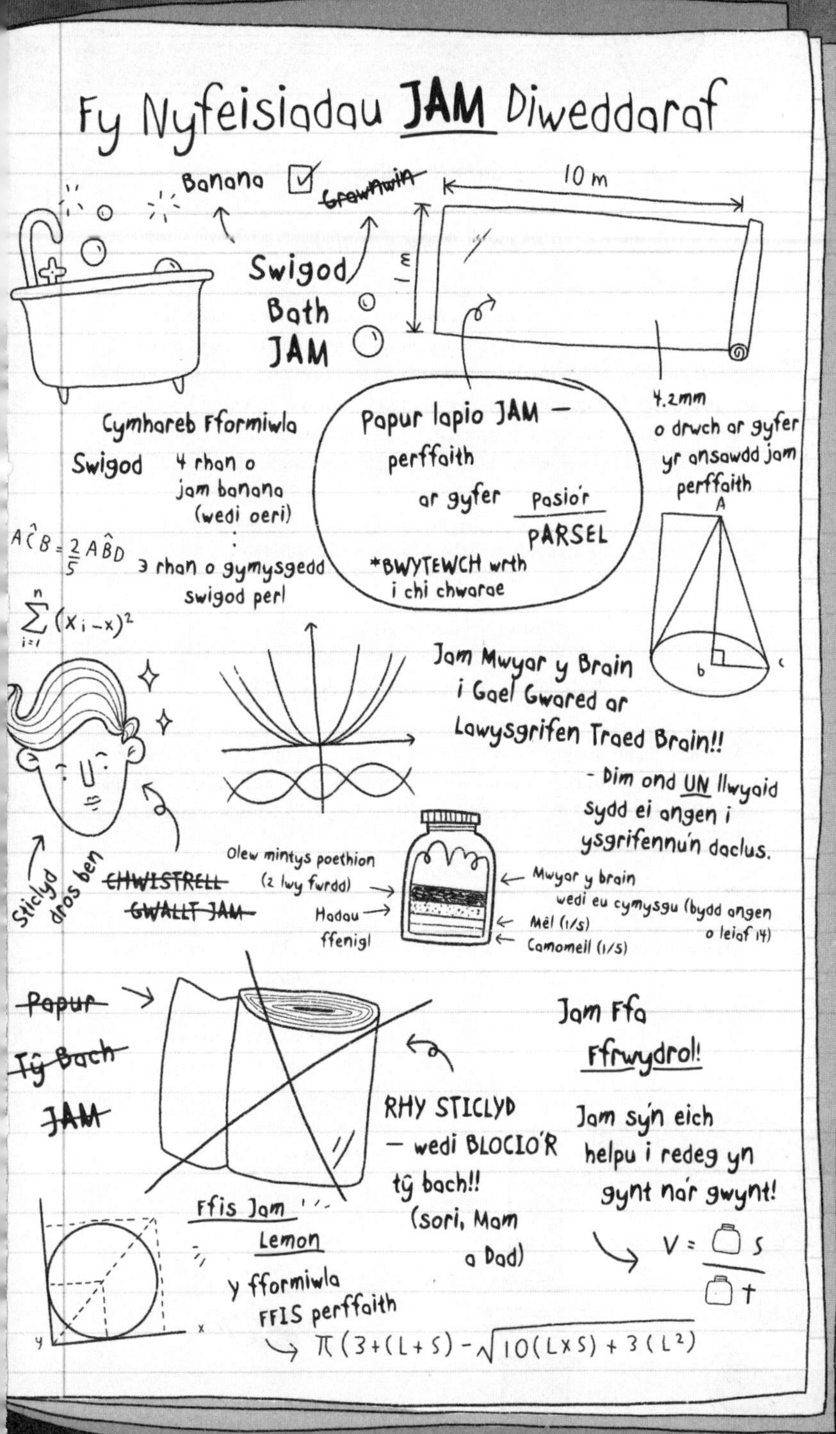
Fy Nyfeisiadau JAM Diweddaraf
Banana
~~Grawnwin~~
Swigod
Bath
JAM
10 m
1 m
4.2mm
o drwch ar gyfer
yr ansawdd jam
perffaith
Cymhareb Fformiwla
Swigod
4 rhan o
jam banana
(wedi oeri)
:
3 rhan o gymysgedd
swigod perl
$A\hat{C}B = \frac{2}{5} A\hat{B}D$
$\sum_{i=1}^{n} (x_i - x)^2$
Papur lapio JAM –
perffaith
ar gyfer
Pasio'r
PARSEL
*BWYTEWCH wrth
i chi chwarae
A
b
c
Jam Mwyar y Brain
i Gael Gwared ar
Lawysgrifen Traed Brain!!
- Dim ond UN llwyaid
sydd ei angen i
ysgrifennu'n daclus.
Sticlyd dros ben
~~CHWISTRELL~~
~~GWALLT JAM~~
Olew mintys poethion
(2 lwy fwrdd)
Hadau
ffenigl
Mwyar y brain
wedi eu cymysgu (bydd angen
o leiaf 14)
Mêl (1/5)
Camomeil (1/5)
~~Papur~~
~~Tŷ Bach~~
~~JAM~~
RHY STICLYD
– wedi BLOCIO'R
tŷ bach!!
(sori, Mam
a Dad)
Jam Ffa
Ffrwydrol!
Jam sy'n eich
helpu i redeg yn
gynt na'r gwynt!
V =
s
t
Ffis Jam
Lemon
y fformiwla
FFIS perffaith
$\pi(3+(L+S) - \sqrt{10(L \times S) + 3(L^2)}$
x
y

I Carrie – C.S.

I Munch a Dad – J.T.

Mae'r gwaith hwn yn ffuglen. Mae enwau, cymeriadau, lleoedd a digwyddiadau naill ai'n gynnyrch dychymyg yr awdur neu, os ydynt yn real, yn cael eu defnyddio'n ffuglennol. Mae'r holl ddatganiadau, gweithgareddau, styntiau, disgrifiadau, gwybodaeth a deunydd o unrhyw fath arall a gynhwysir yma wedi'u cynnwys at ddibenion adloniant yn unig ac ni ddylid dibynnu arnynt am gywirdeb na'u hailadrodd gan y gallent arwain at anaf.

Cyhoeddwyd yn gyntaf yn Saesneg yn 2022 gan Walker Books Ltd
87 Vauxhall Walk, Llundain, SE11 5HJ
2 4 6 8 10 9 7 5 3

Rhif Llyfr Rhyngwladol: 978-1-80099-677-9

Dymuna'r cyhoeddwyr gydnabod cymorth ariannol Llywodraeth Cymru a chefnogaeth Cyngor Llyfrau Cymru.

Cyhoeddwyd ac argraffwyd yng Nghymru
ar bapur o goedwigoedd cynaliadwy gan
Y Lolfa Cyf., Talybont, Ceredigion, SY24 5HE
e-bost ylolfa@ylolfa.com
gwefan www.ylolfa.com
ffôn 01970 832 304

SEIMON SGWLCA
CYRNOL
POM POM
BETI BECHINGALW
1ST
POSTSERVICE
BORIS
PEIDIWCH Â THARFU
DYFEISIO
AR WAITH

FFATRI JAM!
FFATRI JAM
Croeso i
LWYNHELYG

PENNOD UN

Roedd pentref Llwynhelyg yn ferw gan sibrydion am ffatri jam Cadwaladr.

Roedd rhywbeth od yn digwydd yno.

Rhywbeth rhyfedd.

Wel, rhywbeth mwy rhyfedd na'r arfer, beth bynnag. Roedd ffatri jam Cadwaladr wastad wedi bod braidd yn rhyfedd.

Yn un peth, roedd y ffatri'n cael ei chadw'n gwbl gyfrinachol.

Gwydr atal bwledi.

Larwm ar bob drws.

Ac arwydd enfawr oedd yn dweud:

Fodd bynnag, roedd sibrydion wedi llifo o'r ffatri fel diferion jam ar ymyl jar.

Roedd y pentrefwyr wedi clywed am y roler-coster oedd yn mynd yr holl ffordd o amgylch y ffatri, am y peiriant oedd yn pistyllu tri jam gwahanol, ac am y dwylo a'r teclynnau robotig enfawr oedd yn gwneud yr holl jam.

Roedd y ffatri yn cynhyrchu blasau fel Ysgawen Ysgytwol. Byddai un llwyaid yn ddigon i godi gwallt eich pen am weddill y dydd.

Neu Sierbet Lemon sy'n Hisian, blas sydd mor ogleisiol a choslyd fel bod un tamaid yn achosi pwl o chwerthin sy'n para awr.

Heb sôn am Ffa Ffrwydrol. Jam a gafodd ei wahardd o'r diwrnod mabolgampau ar ôl i Usain Chwim ddweud wrth bawb mai dyma'r fformiwla cudd oedd yn gyfrifol am ei fuddugoliaeth flynyddol yn y ras wy ar lwy.

Sut oedd y ffatri ryfeddol hon yn llwyddo i gynhyrchu cymaint o flasau jam mor syfrdanol? Ac, yn bwysicach, *pwy* oedd yn gyfrifol am yr holl syniadau anhygoel?

Roedd iard chwarae Ysgol Llwynhelyg yn ferw gan sibrydion tawel a gwahanol syniadau.

"Mae'n rhaid mai dewin sydd wrthi," sibrydodd Twm Gwilym bach. "Maen nhw'n defnyddio hud a lledrith."

"Dim ffiars o beryg!" brathodd Llio Ifans. "Corachod Siôn Corn sydd wrthi! Does ganddyn nhw ddim byd i'w wneud yn yr haf, felly maen nhw'n mynd i weithio yn Ffatri Jam Cadwaladr!"

"Mae'r ddau ohonoch chi'n anghywir," torrodd Oti Messoud ar eu traws. "Dwi'n gwbod yn *union* pwy sydd wrthi!"

Pwysodd y plant i gyd ymlaen i wrando wrth i Oti roi ei llaw wrth ei cheg a sibrwd yn ddramatig, "*Estroniaid o'r gofod.* Maen nhw'n gwneud y jam gan ddefnyddio pwerau estron arbennig."

"Pam na wnewch chi jest gofyn i Sgwter?" gofynnodd bachgen ifanc reit glyfar o'r enw Deio Dafis. "Mae'n rhaid ei fod e'n gwbod! Mae e'n byw yno, wedi'r cyfan!"

Trodd y plant i gyd i edrych ar Sgwter Cadwaladr wrth iddo gerdded ar draws yr iard. Roedd ei fop o wallt sinsir fel brwsh tŷ bach a'i esgid chwith fymryn yn fwy er mwyn gwneud lle i'r sblint ar ei goes.

"Na." Ysgydwodd Llio ei phen yn gadarn. "Fyddai e *byth* yn dweud."

Yna, dri mis yn ôl, caeodd ffatri jam Cadwaladr heb esboniad. Distawodd sŵn hisian a phwffian simneiau'r ffatri ac roedd popeth yn dawel a llonydd.

Yn fuan wedyn, roedd cyhoeddiad yn y papur newydd:

> **Llais Llwynhelyg**
>
> ***Ffatri Jam Cadwaladr i Ehangu!***
>
> *Yn rhan o gynllun newydd ac uchelgeisiol, bydd ffatri jam Cadwaladr yn ehangu i'r ffatri drws nesaf a oedd yn arfer cystadlu â nhw, sef safle Toesenni Bechingalw. Yr hen gnawes, Beti Bechingalw, oedd yn arfer bod yn berchen ar y lle...*

Roedd y cyfan yn od iawn. Roedd Beti ei hun fel pe bai wedi diflannu o'r dref heb esboniad. Doedd neb wedi clywed siw na miw amdani, na'i mochyn cwta a'i gôt wen a'i agwedd ddrewllyd. Nid bod unrhyw un yn malio mewn gwirionedd. Roedd ei thoesenni'n blasu fel cardbord a doedd hi ddim yn berson clên iawn, yn wahanol i'r teulu Cadwaladr. Roedden nhw'n gyfeillgar, o leiaf, er eu bod yn llawn cyfrinachau.

Gwyliodd y pentrefwyr wrth i un lorri ar ôl y llall gyrraedd y pentref yn cario pob math o bethau rhyfedd, a throi'n llawen i fyny'r lôn gul tuag at yr hen ffatri doesenni.

A *dyna* pryd ddigwyddodd y peth mwyaf cyffrous yn hanes Llwynhelyg erioed.

Cafodd poster ei hongian y tu allan i neuadd y pentref.

Poster yn gwahodd yr holl bentrefwyr i barti **AILAGORIAD ANHYGOEL** ar safle newydd y ffatri!

O'r diwedd, roedden nhw'n cael mentro i mewn! Pa ddanteithion bendigedig fyddai yno iddyn nhw? Pa bleserau blasus?

Ac roedd y cyfan yn digwydd *heno*?

O fewn eiliadau roedd y pentrefwyr i gyd wedi gwasgaru fel praidd o eifr. Roedden nhw wedi ei baglu hi am adref er mwyn glanhau eu siwtiau a'u ffrogiau crand yn barod at y noson fawreddog oedd o'u blaenau.

Pawb, hynny yw, ond am un pentrefwr.

Syllodd Seimon Sgwlca ar y poster, ei lygaid milain yn pefrio wrth iddo droi ei fwstás tenau-fel-pensil yn ddrygionus.

Dyma'r *union* gyfle y bu'n aros amdano.

Rhwygodd y poster oddi ar yr hysbysfwrdd, troi ar ei sawdl a dechrau dawnsio tap yr holl ffordd adref yn wên o glust i glust, ei ddant aur yn disgleirio yng ngolau'r haul. Stopiodd y tu allan i ddrws siop fach oedd yn gwerthu hen greiriau, llyfnhau ei siaced felfed a swagro i mewn, gan siglo'i gluniau i sŵn tincial y gloch.

“Cyrnol Pom Pom!” galwodd. “O’r diwedd, dwi wedi dod o hyd i ffordd i mewn i’r ffatri yna! Dim rhagor o fân-ladrata i ni! Rydyn ni’n mynd i fod yn filiwnêrs!”

“**Mîp?**” Prociodd ffuret bach llwyd ei ben allan o focs gemwaith, ei freichiau wedi eu gorchuddio â modrwyau aur. Stwffiodd nhw i fag bach am ei ganol, llyfu ei bawennau a thacluso ei wisgers, cyn dawnsio’n ysgafndroed draw at Seimon.

“Mae’r teulu Cadwaladr twp yna wedi gwahodd yr holl bentrefwyr i weld y ffatri. Dwi wastad wedi dweud bod pethau da yn dod i’r rhai sy’n fodlon aros!”

“**Mîp!**” Cydiodd Cyrnol Pom Pom mewn modrwy a gwenu gwên flewog.

"Ha! Wrth gwrs, mae pethau *aur* yn dod i'r rhai sy'n fodlon aros! Mae honna'n un dda, Cyrnol Pom Pom." Dyma'r ddau yn piffian chwerthin gyda'i gilydd fel dau fachgen ysgol drwg.

"Wnawn ni?" Pranciodd Seimon a Cyrnol Pom Pom draw at risiau cerrig bychain yng nghefn y siop, a oedd yn arwain i lawr at ddrws mawr â chlo arno. Tynnodd Seimon allwedd pres o'i boced, datgloi'r drws a'i agor yn ddramatig. "Ta-da!" Cliciodd ei sodlau a chamu i mewn.

Roedd y stafell yn llawn hyd yr ymylon o focsys o drugareddau roedd Seimon wedi

eu dwyn. Watshys poced, modrwyau aur, llyfrau, ffotograffau, tedis, a hyd yn oed set deledu y daeth Seimon o hyd iddi mewn sgip yn llawn o hen geriach Beti Bechingalw.

Anwybyddodd Seimon y cyfan a martsio'n syth i gefn y stafell at y trysor mwyaf gwerthfawr oll... hanner map wedi pylu a melynu ar y wal.

“Mae’r fynedfa yn *rhywle* y tu mewn i’r hen ffatri doesenni yna.” Piniodd y poster Ailagoriad Anhygoel i’r wal wrth ymyl y map, cyn troi yn ôl at hwnnw a rhwbio’i fys hir yn bwyllog ar hyd yr ymyl oedd wedi rhwygo. “Byddai hi gymaint yn haws pe bai’r map cyfan gennyn ni.” Ochneidiodd.

“**Mîp!**” Crychodd Cyrnol Pom Pom ei drwyn wrth hel meddyliau.

“Mae hynny’n wir.” Tapiodd Seimon drwyn Cyrnol Pom Pom yn gariadus. “Gyda dy drwyn di am drysor, does dim angen y map arnon ni.” Trodd yn ôl at y poster yn frwd. “Heno, fe ddown ni o hyd i’r trysor yna a’i ddwyn!”

“**Mîp!**” Troellodd Cyrnol Pom Pom yn hapus yn ei unfan wrth i Seimon ddawnsio wrth ei ymyl.

“Yn gyntaf, trysor Capten Barti Bechingalw, yna ymlaen â ni at y trysor gorau oll, coron *Pencampwriaeth Dawnsio Perchennog a’i Anifail Anwes!* Hon yw ein blwyddyn ni!” Diflannodd ei wên. “Ond mae hyn yn golygu y bydd yn rhaid i ni fynd i mewn i'r hen ffatri jam gythreulig yna. Rydyn ni wedi cael tri mis bendigedig heb y drewdod ofnadwy yna'n llifo ohoni. Trueni na fyddai hi'n gallu aros wedi cau am byth." Crynodd ei fwstás. "Aros eiliad! Cyrnol Pom Pom, dwi newydd gael syniad." Rhwbiodd Seimon ei ddwylo gyda'i gilydd yn llawn cyffro. "Falle y dylen ni achosi llanast yn y ffatri tra ydyn ni wrthi! Fe ddylai cwpwl o frics yn y peiriannau..."

"Achosi llanast ym *mha* ffatri, Wncwl Seimon?"

"Aaa!" Neidiodd Seimon.

Roedd merch ifanc â'i dwylo ar ei chluniau yn sefyll yn nrws y seler y tu ôl iddo. Roedd hi'n gwisgo dyngarîs a oedd fymryn yn rhy fawr iddi, pymps cynfas a sanau gwahanol liw: un goch ac un werdd.

"O, *ti* sydd yna." Roliodd ei lygaid. "Dal yma, felly?"

"Wel, dwi yn byw yma, Wncwl Seimon." Tynnodd Cadi Sgwlca frechdan jam o boced flaen ei dyngarîs a bwyta llond cegaid ohoni.

"Ych a fi! Cer â hi o 'ma! Cer â hi o 'ma!" Chwifiodd Seimon ei freichiau tuag ati. "Mae hi'n *drewi*!" Tynnodd bèg dillad o'i boced a'i osod ar flaen ei drwyn wrth iddo wthio Cadi yn ôl i fyny'r grisiau i'r siop a chloi drws y seler y tu ôl iddyn nhw. "Mae hi'n ddrewllyd a chyfoglyd a sticlyd... ych a fi!" Syllodd ar Cadi.

"Ydych chi erioed wedi trio brechdan jam?" Siaradodd Cadi â'i cheg yn llawn.

"Wrth gwrs nad ydw i! Pam fyddwn i'n trio un? Mae *ffrwythau* mewn jam! Rwyt ti'n blentyn, on'd wyt ti? Ro'n i'n meddwl y byddet ti'n deall *hynny*, o leiaf!"

"Mae Dad yn dweud y dylwn i wastad drio pethau cyn penderfynu a ydw i'n eu hoffi nhw ai peidio." Cymerodd Cadi lond cegaid arall.

"Ydy, mae hynny'n swnio yn union fel y math o beth fyddai fy mrawd gwynnach-na-gwyn-da-i-ddim yn ei ddweud," mwmialodd Seimon.

"Hei, beth mae bocs gemwaith Mam yn ei wneud yma?" Pwyntiodd Cadi at y cownter lle roedd y bocs gemwaith y bu Cyrnol Pom Pom yn eistedd ynddo rai munudau ynghynt.

"Beth?" Cydiodd Seimon yn y bocs a'i wthio y tu ôl i'w gefn. "Dwi ddim yn gwbod am beth rwyt ti'n sôn." Gwenodd wên seimllyd ar Cadi.

"A ble mae Mistar Jam, fy hoff dedi?" aeth Cadi yn ei blaen yn amheus. "Doedd e ddim yn fy ngwely i bore 'ma."

Gwibiodd llygaid Seimon draw at ddrws y seler, yna draw at Cyrnol Pom Pom.

"Sut ddylen ni wbod?" Cododd y ddau eu hysgwyddau gan geisio ymddangos yn ddiniwed.

"Ddylai Mam a Dad fyth fod wedi gofyn i chi ofalu am y siop." Aeth llygaid Cadi yn gul. "Erbyn iddyn nhw ddod adre, fydd dim ar ôl i'w werthu."

"O, paid ti â phoeni, Cadi-Wadi fach, bydd digonedd o'r hen geriach yma ar ôl iddyn nhw." Cyrliodd Seimon ei wefus wrth syllu o gwmpas y siop. "Does dim angen i filiwnêrs fel Cyrnol Pom Pom a finnau drafferthu â'r math hwn o sothach."

Tynnodd Cyrnol Pom Pom wniadur bach

arian o'r bag am ei ganol, tynnu ei dafod ar Cadi a'i daflu'n ddiystyriol dros ei ysgwydd.

"Heblaw..." Plethodd Cadi ei breichiau. "Wel, dydych chi ddim yn filiwnêr." Cododd ei haeliau. "Ydych chi?"

"Ddim eto." Rhoddodd Seimon blwc arbennig o filain i'w fwstás wrth edrych i gyfeiriad drws y seler, cyn troi yn ôl at Cadi gan wenu'n slei a llawn hyder. "Ond fe fydda i cyn hir."

PENNOD DAU
LLWYNI
LLUS
FFRWYDROL

Roedd Sgwter Cadwaladr yn sefyll yng nghanol y ffatri jam newydd gan edrych o'i gwmpas yn wên o glust i glust. Roedd popeth yn barod ar gyfer yr Ailagoriad Anhygoel heno ac roedd hi am fod yn noson *anhygoel.*

Am flynyddoedd, roedd Sgwter wedi cadw'r ffaith mai ef oedd Prif Ddyfeisydd Jam Cadwaladr yn gwbl gyfrinachol.

Doedd hynny heb fod yn hawdd. Yn enwedig pan fyddai'n clywed y sibrydion tawel a'r straeon gwallgof ar iard yr ysgol.

Ond ni chlywodd neb yn dyfalu'n gywir erioed. Roedden nhw wedi awgrymu mai hud a lledrith oedd yn gyfrifol, neu gorachod, neu *estroniaid o'r gofod*, hyd yn oed! Ac er nad oedd Sgwter yn gallu cuddio gwên gyfrinachol wrth feddwl am y syniad penodol hwnnw (wedi'r cyfan, rhoddodd gynnig ar ddefnyddio technoleg estron yn ddiweddar ac achosodd hynny bob math o drafferthion), roedd yn ei frathu rhyw fymryn nad oedd neb wedi ystyried mai ef oedd wrthi go iawn.

Roedd Sgwter yn gwybod pam.

Roedd y plant yn yr ysgol yn gallu gweld y sblint ar ei goes chwith a'i fop o wallt sinsir llachar. Ond doedden nhw ddim yn gweld yr hyn oedd y tu mewn: cynnwrf a chyffro yr holl syniadau oedd yn chwyrlïo yn ei ben, fel haid o wenyn wedi bwyta tri deg saith a hanner pecyn o losin ffrwydrol.

Roedd angen i chi fod yn rhywun arbennig iawn i fedru gweld *hynny*.

Oherwydd pan gafodd Sgwter Cadwaladr ei eni, cymerodd wyth munud gyfan iddo anadlu am y tro cyntaf.

Yn ystod yr wyth munud hir hynny, wrth iddo siglo rhwng bywyd a marwolaeth, llwyddodd ei ymennydd, rywffordd, i ddatblygu gor-greadigrwydd.

Arweiniodd at gyflwr arall hefyd o'r enw parlys yr ymennydd.

Roedd parlys yr ymennydd yn wahanol i bawb, ond i Sgwter roedd yn golygu fod y cyhyrau ar ei ochr chwith fymryn yn stiff a'i fod yn gwisgo sblint anghyfforddus ar ei goes chwith er mwyn atal ei droed rhag llusgo. Roedd Sgwter yn iawn â hynny; roedd e'n rhan ohono. A beth bynnag, roedd ganddo bethau eraill i feddwl amdanyn nhw, fel ei syniad diweddaraf, neu yn ddiweddar, yr Ailagoriad Anhygoel oedd yn digwydd heno.

Ar ôl heno, fyddai dim ots beth fyddech chi'n gallu ei weld, byddai pawb yn gwybod beth roedd Sgwter yn gallu ei wneud.

Oherwydd roedd Sgwter yn mynd i ddangos *popeth* iddyn nhw!

A doedd e ddim yn gallu aros.

Pan gawson nhw'r hen ffatri doesenni yn y lle cyntaf, roedd yn adeilad di-fflach, brwnt a oedd wedi mynd â'i ben iddo. Ond roedd Sgwter wedi dod o hyd i hen ffynnon ddymuno â phlanhigyn mefus gwyllt yn tyfu ynddi, a dyna pryd y cafodd ei syniad mwyaf anhygoel *erioed*.

Pam na fydden nhw'n gallu tyfu'r ffrwythau oedd eu hangen arnyn nhw i wneud eu jam y tu *mewn* i'r ffatri? Wedi'r cyfan, roedd y jam gorau yn dod o'r ffrwythau mwyaf ffres. Trwy dynnu'r hen do a rhoi to gwydr yn ei le, gallen nhw droi'r lle yn dŷ gwydr trofannol, gan wella blas y jam 63.4%!

Cymerodd beth amser i berswadio ei rieni. Sut fyddai Sgwter yn tyfu planhigion yng nghanol y peiriannau? A sut fyddai e'n cadw pethau'n lân? Ond roedd Sgwter yn benderfynol yn ogystal â bod yn greadigol, ac ar ôl tri mis o gynllunio, paratoi a datrys problemau llwyddodd i droi'r ffatri yn *nefoedd* drofannol ar gyfer gwneud jam.

Roedd coed bananas yn tyfu ar hyd y llwybrau cerdded a'r waliau wedi'u gorchuddio â phlanhigion mefus gwyrdd, melys. Roedd cloddiau enfawr o lwyni llus, canghennau mafon a boncyffion sbrowts yn tyfu ymysg y pibau, polion, pwlïau a phympiau. A thrwy'r amser roedd dwylo robotig enfawr a theclynnau yn gweithio fel lladd nadroedd – yn chwistrellu, yn pigo, yn gwylio ac yn didoli – i sŵn cerddorol jariau jam yn tincial ar feltiau cludo.

Dim ond un rhan o'r ffatri oedd wedi aros yr un fath: y tŵr enfawr oedd yn sefyll yn dywyll fel cysgod anferth dros yr adeilad, ac arno'r geiriau *Toesenni Bechingalw.*

Tŵr Bechingalw oedd yr unig ran o'r ffatri nad oedd Beti wedi ei throsglwyddo i'r teulu Cadwaladr. Roedd Sgwter yn ysu i dynnu'r arwydd neon twp yna i lawr a rhoi baner lachar *Jam Cadwaladr* yn ei le. Ond doedd e ddim yn meddwl gormod am hynny. Bu'n rhy brysur o lawer yn llenwi'r ffatri newydd â'i flasau jam a'i ddyfeisiadau mwyaf cyffrous *erioed*.

Swigod Bath Jam Banana, oedd yn cynnwys perlau pitw o swigod jam y gallech chi eu bwyta wrth ymlacio yn y twba.

Papur Lapio Jam, y gallech chi ei ddefnyddio ar gyfer gêm o basio'r parsel a bwyta'r papur wedi i chi agor haenen.

Jam Mwyar y Brain, oedd yn cael gwared ar lawysgrifen traed brain, hyd yn oed.

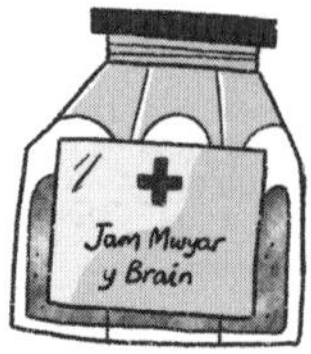

Ac roedd cymaint, cymaint mwy!

Roedd yn rhaid i heno fod yn *berffaith*!

"Rho gynnig ar hwn, Sgwt." Daeth Dad ato yn cario llond powlen o greision a dips. "Dwi'n meddwl mai hwn yw fy rysáit gorau un i." Cododd ei sodlau'n falch wrth i Sgwter edrych i lawr ar y bowlen.

Doedd Sgwter ddim yn hoffi dweud unrhyw beth. Wedi'r cyfan, roedd Dad wedi treulio wythnosau yn y gegin yn profi ryseitiau newydd yn barod i'r parti. Ond roedd creision a dips yn ymddangos braidd yn... wel, braidd yn arferol a dweud y gwir. Cododd un o'r creision, ei throchi yn y salsa diferog a'i rhoi yn ei geg, gan gnoi'n fodlon. Agorodd ei lygaid led y pen wrth sylweddoli bod y creision wedi eu gwneud o daffi caled. A jam afalau taffi oedd y dip! Trochodd un arall o'r creision. "Waw, Dad, mae'r rhain yn fendigedig!"

"Jam fydd thema'r holl fwyd yn yr agoriad swyddogol." Disgleiriodd bochau Dad yn falch wrth iddo dynnu bwydlen o boced ei ffedog. "Mae gennyn ni Ffis Jam Lemon i'w yfed, brechdanau jam sy'n goleuo yn y tywyllwch, Selsig Jam Gwm Swigod a Hufen Iâ Jam Mefus Hyfryd. Heb sôn am fy nhartenni jam arnofiol sy'n ysgafnach na'r gwynt!" Brwsiodd y briwsion oddi ar ei ffedog â gwên fodlon. "Mae'n debyg fy mod i'n gallu bod yn reit ddyfeisgar yn y gegin hefyd."

"Wel, rydyn ni wedi cael ein dysgu gan y gorau." Rhoddodd Mam bwniad cariadus i Sgwter wrth roi sbaner yn ei phoced a bachu un o'r creision.

“Reit ’te, mae’r peiriannau i gyd wedi eu rhaglennu i ddechrau gweini bwyd am chwech o’r gloch ar ei ben.” Tynnodd ar raff er mwyn codi rhwyd yn llawn balŵns jam i fyny i’r nenfwd. “A sôn am dartenni jam arnofiol, Sgwt – ble mae Fflwffen?”

“Mae hi wedi bod yn gweithio ar y bont canopi newydd ar frig y coed.” Edrychodd Sgwter i fyny ar y rhaffau a’r trawstiau pren, a oedd yn nythu rhwng y coed bananas uwch ei ben. “Mae wedi cynyddu’r cyffro o fynd ar y roler-coster o 72.9%!”

Ar yr union eiliad honno, sgrialodd tarten jam yn uchel uwch eu pennau, a chwifiodd llaw oren bitw arnyn nhw dros ymyl y crwst wrth wibio tuag atyn nhw.

Chwifiodd Sgwter yn ôl yn frwd. Fflwffen oedd ei ffrind gorau yn y byd i gyd... yn yr holl fydysawd hefyd, o bosib, o ystyried

mai estron o'r gofod oedd hi mewn gwirionedd. Ond wrth i'r darten jam fechan symud yn agosach, roedd Sgwter yn gallu gweld bod talcen bach oren Fflwffen yn llawn gofid wrth iddi bwyntio'n benderfynol tuag at y Tŵr Bechingalw. "Sgwter!" galwodd. "Mae rhywbeth mae'n rhaid i Fflwffen—"

Edrychodd pob un ohonyn nhw i fyny ar olau uwch eu pennau.

Fflachiodd arwydd Toesenni Bechingalw unwaith, yna dwywaith, yna...

Clic.

Grŵŵŵŵn

"Sgwter, y drws!" Pwyntiodd Fflwffen o'i tharten jam tuag at y Tŵr Bechingalw.

Ymestynnodd Sgwter ei wddf er mwyn gweld drws y Tŵr Bechingalw. Fel arfer roedd wedi ei orchuddio â chadwyni a chloeon, ond doedd dim golwg o'r rhain ac roedd y drws yn gilagored. Roedd un belen o faw mochyn cwta i'w gweld ar y llawr.

"Dydych chi ddim yn meddwl?" Rhewodd Mam, â chreisionen arall hanner ffordd tuag at ei cheg.

"Mae'n gwbl amhosibl!" crynodd Dad.

Gwiiiiiiiiiiiiiich.

Dechreuodd y drws agor yn araf, a daeth cysgod hir, tywyll i'r golwg.

PENNOD TRI

“Helôôôôôô-ôôôôôôôô!”

“Gwiiiiiiiiiii–iiiiiiiiiiich!”

Dyma lais a gwich a wnaeth i waed Sgwter fferru.

“Rydyn ni’n ôôôôô-ôôôôôl!”

“O, na. Does bosib!” gwingodd Mam.

“Na! Plis, dim nhw!” Gollyngodd Dad y bowlen o greision ar y llawr wrth i

Beti Bechingalw swancio i mewn i'r stafell, ei thracwisg brown meddal yn pefrio yng ngolau neon yr arwydd *Toesenni Bechingalw* a'i mochyn cwta gwyn a thew, Boris, yn swatio'n glyd mewn cariwr babi dros ei bol.

"Diolch am adnewyddu fy ffatri *i*." Cododd ei haeliau wrth iddi godi teclyn rheoli o bell, a sleifiodd gwên araf dros ei hwyneb.

"Beth ydych chi'n ei olygu, eich ffatri *chi*?" Camodd Sgwter ymlaen wrth i Beti wasgu botwm ar y teclyn.

CLIC. CLIC.CLIC. **Grŵŵŵŵŵŵŵŵŵn.**

Am eiliad dyma'r arwydd *Toesenni Bechingalw* yn gwegian a chlecian, yn neidio ac yn ysgwyd hyd nes y *newidiodd*, yn y diwedd, o flaen eu llygaid. Blinciodd Sgwter.

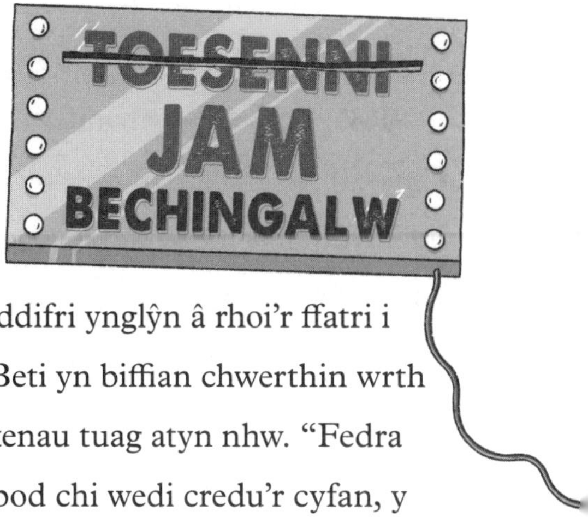

"Do'n i ddim o ddifri ynglŷn â rhoi'r ffatri i chi." Trodd gwên Beti yn biffian chwerthin wrth iddi bwyntio'i bys tenau tuag atyn nhw. "Fedra i ddim coelio eich bod chi wedi credu'r cyfan, y ffyliaid!" Dechreuodd hercian o un droed i'r llall yn wên o glust i glust wrth feddwl pa mor gyfrwys roedd hi wedi bod.

"*Beth*?" Camodd mam Sgwter ymlaen. "Mae'n rhaid eich bod chi'n tynnu coes!"

"Mae'n rhaid!" Tynnodd tad Sgwter ei waled o boced ei drywsus, ei hagor a thynnu cerdyn post wedi plygu allan ohoni. "Fe wnaethoch chi arwyddo hwn i ddweud eich bod yn rhoi'r ffatri i ni! Fe ysgrifennoch chi'r cyfan mewn du a gwyn yn fan hyn!" Agorodd y cerdyn post a'i ddal i fyny yn fuddugoliaethus. "Chi'n gweld! Mae'n dweud hynny reit—" Stopiodd siarad wrth edrych ar y cerdyn post. Diflannodd y lliw o'i wyneb.

“Ro’n i’n gwbod y byddet ti’n dweud hynny.” Cipiodd Beti y cerdyn post o’i law. “Dyna pam ddefnyddiais i inc sy’n diflannu wrth ysgrifennu!” Chwarddodd yn falch wrth ddechrau rhwygo’r cerdyn post yn ddarnau mân o flaen eu llygaid, a’i ollwng i’r llawr fel conffeti. “Y gwir amdani yw mai fi sy’n berchen ar y ffatri o hyd.”

Tynnodd hen sgrôl wedi melynu o ymyl Boris yn y cariwr, brwsio pelen o faw mochyn cwta oddi arni a’i hagor er mwyn iddyn nhw ei gweld. “Mae’r cyfan fan hyn yn y gwaith papur. *Fi* sy’n berchen ar y ffatri a neb arall. Edrychwch.” Caeodd y sgrôl a’i hestyn draw i fam Sgwter wrth i Dad chwilota am y darnau o gerdyn post ar y llawr.

“Beth rydych chi’n ei olygu?” Syllodd Sgwter yn galed ar Beti, â lwmpyn mawr yn ei wddf. “Ai tric oedd y cyfan? Dim ond esgus rhoi’r ffatri i ni wnaethoch chi, er mwyn i fi roi fy holl ddyfeisiadau ynddi... er mwyn i chi fedru eu dwyn nhw? A’i alw’n *Jam Bechingalw*?”

“Wel... Ro’n i...” Edrychodd Beti yn

anghyfforddus am eiliad. Agorodd ei cheg fel pe bai ar fin dweud rhywbeth, yna ei chau yn glep eto. Edrychodd i fyny ar yr arwydd *Jam Bechingalw*, cyn edrych i fyw llygaid lloerig Sgwter o'r diwedd. Cododd ei hysgwyddau. "Nid dwyn yw hynny, gan mai fi oedd yn berchen ar y cyfan drwy'r amser!"

"Gwich." Cododd Boris ei aeliau a nodio'n bwysig i gyd.

"Beth bynnag, nid fy mai i yw hyn." Caledodd ei hwyneb. "Ddylech chi ddim fod wedi bod mor hawdd eich twyllo."

"Gwich." Nodiodd Boris eto wrth i Beti lygadu'r ffatri a gwenu'n fodlon.

"Mae'n edrych fel pe bai popeth yn barod ar gyfer fy Ailagoriad Anhygoel nos yfory. A nawr byddai'n well i chi ei heglu hi yn ôl i'ch ffatri chi." Pwyntiodd tuag at yr hen adeilad drws nesaf, â'r geiriau *Jam Cadwaladr* yn hongian yn gam dros y drws. "Oherwydd mae popeth sydd yma..." Gwenodd wrth agor ei breichiau led y pen. "... yn eiddo i *fi*."

Dafliad carreg yn unig o safle'r ffatri oedd newydd gael ei henwi'n Jam Bechingalw oedd Jam Cadwaladr (y cyntaf), ond teimlai fel siwrnai hir. Fel arfer byddai Sgwter yn teithio ar y roler-coster o un ffatri i'r llall. Wedi'r cyfan, roedd ef a'i rieni yn parhau i fyw yn y fflat uwchben y ffatri wreiddiol. Ac roedd e'n parhau i gael ei syniadau gorau yn yr hen Labordy Dyfeisiadau Jam – dyna lle y meddyliodd am rai o'i flasau jam a'i gynlluniau mwyaf llwyddiannus.

Dyna pam yr aeth yn syth yno.

Oherwydd os bu amser erioed pan oedd angen iddo wneud ei waith meddwl gorau, dyma'r amser hwnnw.

Roedd ei feddwl yn llawn syniadau wrth iddo gamu trwy'r drws diogelwch dur i mewn i'r labordy, a Fflwffen yn hedfan yn ffyddlon wrth ei ysgwydd. Dilynodd ei rieni y tu ôl iddo.

“Mae’n rhaid i ni wneud rhywbeth.” Safodd Sgwter o flaen ei fainc weithio, ei ddwylo ar ei gluniau wrth i Fflwffen lanio ar y bwrdd. Eisteddodd Mam a Dad yn dawel ar y stolion. “All hi ddim jest dod i mewn i fan hyn a galw ein ffatri *ni* yn Jam Bechingalw a dweud mai hi sy’n berchen arni!”

Gwagiodd Dad y darnau pitw o gerdyn post ar y fainc weithio gan ysgwyd ei ben mewn anghrediniaeth wrth geisio rhoi’r darnau at ei gilydd fel jig-so. “Rydyn ni wedi bod yn gweithio ar y lle ers *misoedd*!” Syllodd Mam yn syfrdan ar y sgrôl yn ei dwylo. “A fedrwn ni ddim gadael iddi gynnal ein Ailagoriad Anhygoel ni. Nid hi sydd wedi gwneud unrhyw beth yn y ffatri yna!

Mae'r cyfan jest..." Stopiodd Sgwter.

Pam nad oedd Mam a Dad yn cytuno ag ef?

"... *yr enw gwaethaf erioed ar ffatri jam*!" Tarodd Fflwffen ei dwrn i lawr yn galed.

"Ie!" Gwenodd Sgwter yn ddiolchgar ar Fflwffen. Roedd yn gallu dibynnu arni hi i gytuno ag ef bob amser, er nad dyna'n *union* roedd e ar fin ei ddweud.

Edrychodd Mam a Dad ar ei gilydd yn drist cyn i Mam edrych i fyw llygaid Sgwter o'r diwedd.

"Mae'n flin gen i, Sgwt." Edrychodd ar y darnau pitw o gerdyn post ar y fainc weithio. "Ond does gennyn ni ddim byd i ddweud mai ni sy'n berchen ar y ffatri mewn gwirionedd. Fe dwyllodd Beti ni. Rydyn ni wedi gweithio ar y lle i ddim byd."

"Byddai pethau'n gallu bod yn waeth." Gwenodd Dad yn garedig ar Sgwter. "Mae gennyn ni'r fflat o hyd, o leia, a'r ffatri *hon*."

Ochneidiodd Sgwter.

Roedd hynny'n wir.

Roedd y ffatri wreiddiol yn llai a doedd hi ddim mor fodern â ffatri Beti. Efallai nad oedd dyfeisiadau mwyaf cŵl Sgwter ynddi, ond roedd hi *yn* cynnwys ei roler-coster cyntaf... ac roedd y peiriant oedd yn pistyllu tri gwahanol jam yno o hyd. Roedd gan y ffatri declynnau robotig anferthol, a'r twnnel profi cacwn hefyd.

Ond doedd y to gwydr enfawr ddim yno.

Na'r coed bananas.

Na'r canopi ar frig y coed.

Ac roedd hi'n rhy fach o lawer i gynnal Ailagoriad Anhygoel.

Bu Sgwter yn edrych ymlaen at hynny yn fwy na dim.

A doedd hi ddim yn cynnwys yr holl flasau jam a'r dyfeisiadau newydd y bu ef a Fflwffen yn eu datblygu gyda'i gilydd chwaith. Gwyliodd Sgwter wrth i Fflwffen geisio helpu Dad i roi'r cerdyn post yn ôl at ei gilydd. Roedd Fflwffen wedi datblygu i fod yn ddyfeisiwr jam gwych.

Roedd hi—

Arhoswch eiliad!

Daeth syniad bach fel gwenynen yn suo i ymennydd Sgwter.

Pan gyrhaeddodd Fflwffen gyntaf, daeth â llond cês o ddyfeisiadau estron gyda hi a fedrai wneud *unrhyw beth*, fwy neu lai.

Trodd Sgwter i edrych ar y cês a'i gynnwys, a oedd wedi'u cuddio ar y silff dop uwch eu pennau, ag arwydd yn llawysgrifen Mam o'u blaenau.

Edrychodd ar Fflwffen, a oedd wedi codi ei phen ac yn wên o glust i glust. Roedd hi fel pe bai'n gwybod yn *union* beth oedd ar ei feddwl. Roedd hi'n sefyll ar binnau ar y ddesg, ei chorff bychan yn dechrau pefrio, fel bom pitw llawn cynnwrf oedd ar fin ffrwydro unrhyw eiliad.

Cododd Sgwter ei law a nodio. Os oedden nhw'n mynd i berswadio Mam a Dad i ddefnyddio unrhyw beth o gês dyfeisiadau Fflwffen, yna byddai'n rhaid iddyn nhw awgrymu'r syniad yn ofalus. Wedi'r cyfan, dro yn ôl arweiniodd cês Fflwffen at ganlyniadau oedd ymhell o fod yn rhyfeddol, yn cynnwys mochyn cwta anferthol, Sgwter pitw bach a chryn dipyn o niwed i'r ffatri.

"Mae gen i syniad," dechreuodd Sgwter. "A gwrandewch arna i'n iawn cyn i chi benderfynu. Beth am—"

"Mae'n rhaid i ni ddefnyddio'r cês sy'n llawn o ddyfeisiadau Fflwffen!" ffrwydrodd Fflwffen â gwich uchel.

"Beth?" Cododd Dad ei ben yn llawn syndod.

"Falle bod rhywbeth yn y cês fyddai'n gallu ein helpu ni!" ychwanegodd Sgwter yn frysiog. "Fel diod i newid meddwl Beti, neu falle bod ffordd o'i hanfon hi a Boris i rywle arall. O leia wedyn byddai modd i ni gynnal yr Ailagoriad Anhygoel a byddai'n rhoi amser i ni feddwl am gynllun!" Trodd at Fflwffen, gan anwybyddu'r olwg oeraidd ar wynebau ei rieni. "Oes gen ti rywbeth tebyg i hynny yn dy gês, Fflwffen? Neu, ti'n gwbod, rhywbeth arall fyddai'n gallu bod yn ddefnyddiol?"

Meddyliodd Fflwffen am eiliad, ond cyn iddi gael cyfle i ddweud unrhyw beth, safodd Mam ar ei thraed a rhoi ei llaw ar ysgwydd Sgwter.

"Rwyt ti'n gwbod sut rydyn ni'n teimlo

ynglŷn â'r cês yna, Sgwt." Ysgydwodd ei phen yn drist ond yn gadarn.

Syrthiodd Sgwter yn swp ar stôl ei fainc weithio a gorffwyso ei ben yn flinedig ar gefn y stôl wrth i Mam agor y sgrôl a gafodd gan Beti. Agorodd hi ar y fainc weithio, gan bwyso'r corneli i lawr â jariau jam. Roedd y sgrôl yn hen ac yn melynu ac wedi rhwygo ar un ochr. Roedd rhyw fath o ddarlun wedi pylu o dan y geiriau pwysig. Doedd dim dwywaith amdani. Roedd y ffatri'n berchen i Beti.

"Mae hwn yn ymddangos fel pe bai'n dal dŵr." Tynnodd Mam ei ffôn o'i phoced a chymryd llun. "Ond fe aiff dy dad a fi i weld cyfreithiwr. Wna i ddim mynd â hwn gyda fi, mae'n edrych fel pe bai ar fin syrthio'n ddarnau unrhyw eiliad, ond fe ddangosa i'r llun yma iddyn nhw. Falle bod ffordd o gael dy ddyfeisiadau di yn ôl, o leia." Edrychodd Mam allan trwy'r ffenest tuag at y tŵr oedd yn sefyll uwch eu pennau, a'r geiriau *Jam Bechingalw* yn fflachio'n llachar uwch ei ben. "Dwi ddim yn meddwl y cawn ni'r ffatri yn ôl byth. Trueni na allen ni ei phrynu hi gan Beti cyn iddi gael cyfle i'w hagor."

"Wel, beth am wneud hynny!" Neidiodd Sgwter ar ei draed, ei galon ar ras am eiliad.

"O, Sgwt, mae'n flin gen i." Syrthiodd wyneb Mam. "Does gennyn ni ddim digon o arian. Oni bai dy fod ti'n dod o hyd i bentwr mawr o drysor." Gwenodd yn drist. "Ond rydyn ni'n dau'n gwbod nad yw hynny byth yn mynd i ddigwydd."

PENNOD PEDWAR

Doedd Sgwter ddim yn gwybod bod yna drysor yn llawer agosach nag y byddai wedi gallu ei ddychmygu byth. A dweud y gwir, pe bai e ond wedi medru gweld i mewn i seler siop hen greiriau'r teulu Sgwlca ar yr union eiliad honno, byddai wedi dod o hyd i'r ateb i'w holl broblemau.

Ond Cadi Sgwlca oedd yn sefyll y tu allan i ddrws cloëdig y seler yr eiliad honno. Trodd glip gwallt bychan yn y clo nes iddi glywed sŵn clic boddhaus. Rhoddodd y clip yn ôl yn ei gwallt, gwthio'r drws ar agor yn dawel a chamu i mewn ar flaenau ei thraed.

Welwch chi, os oedd Sgwter yn benderfynol, yna roedd Cadi yn llawn syniadau. Gyda chymorth ei llyfr poced ffyddlon, *Sut i fod yn Ysbïwr*, roedd Cadi wedi dysgu ei hun i bigo cloeon, dwyn o bocedi... ac adnabod celwyddau Wncwl Seimon.

Roedd Cadi'n gwbl sicr bod Wncwl Seimon a Cyrnol Pom Pom wedi dwyn ei thedi, Mistar Jam.

Byth ers iddyn nhw symud i mewn i helpu i ofalu am y siop, tra bod ei rhieni i ffwrdd ar gloddfa archaeolegol, roedd Cadi wedi gwylio wrth iddyn nhw ddwyn trysorau'r teulu o'i chartref. Am gyfnod, anwybyddodd hi eu lladrata nhw. Wedi'r cyfan, byddai ei rhieni gartref unrhyw ddiwrnod. Bydden nhw'n siŵr o ddod â lladrata Wncwl Seimon i ben.

Ond dwyn Mistar Jam, ei thedi hynaf, o'i *gwely* hi?

Wel, roedd hynny'n mynd yn rhy bell.

Roedd Mistar Jam wedi bod gyda hi ers iddi gael ei geni. Efallai ei fod e braidd yn hen erbyn hyn, ac efallai nad oedd Cadi'n chwarae ag e bellach, ond roedd e'n bwysig. A doedd Cadi ddim yn mynd i adael i Wncwl Seimon ei ddwyn.

Wrth i'w llygaid addasu i olau gwan y seler, chwiliodd Cadi am goch a gwyrdd sanau Mistar Jam, oedd yr un fath â'i sanau hi. Doedd hi ddim yn hir cyn iddi eu gweld. Martsiodd draw at focs yn llawn tedis ag un goes â hosan goch yn procio allan ohono. Estynnodd i'r bocs, tynnu tedi bach brown allan a'i gwtsho'n dynn.

Ac yna sylwodd ar hanner hen fap wedi ei binio i'r wal.

Nawr, nid yn unig roedd Cadi'n llawn syniadau, roedd hi'n glyfar hefyd. Wrth iddi weld y map, doedd hi ddim yn gallu peidio â chofio am frolio Wncwl Seimon ynglŷn â dod yn filiwnêrs.

Oedd e'n gobeithio dod o hyd i hen drysor, felly?

Trodd ei llygaid at boster yr Ailagoriad Anhygoel oedd wedi ei binio i'r wal wrth ymyl y map. Rhoddodd ddau a dau at ei gilydd yn gyflym. Dyma'r ffordd berffaith i Wncwl Seimon gael mynediad i'r ffatri! Ac on'd oedd e wedi dweud rhywbeth ynglŷn ag achosi llanast?

"Wel, fedra i ddim gadael iddo wneud hynny," mwmialodd Cadi wrth iddi dynnu'r map oddi ar y wal a'i wthio i'w hosan goch. Trodd ar ei sawdl a martsio allan trwy'r drws. Roedd yn rhaid iddi rybuddio'r teulu Cadwaladr – a hynny ar frys.

Yn y cyfamser, yn ôl yn y labordy dyfeisiadau jam, chwifiodd Sgwter hwyl fawr ar ei rieni. Arhosodd nes eu bod allan o'i olwg, yna trodd yn ôl at Fflwffen â golwg benderfynol ar ei wyneb.

"Dydyn ni ddim yn mynd i adael i Beti gymryd ein ffatri ni." Edrychodd i fyny ar y cês yn llawn dyfeisiadau estron rhwng dwy jar jam ar y silff. Roedd arwydd rhybudd ar y ddwy jar.

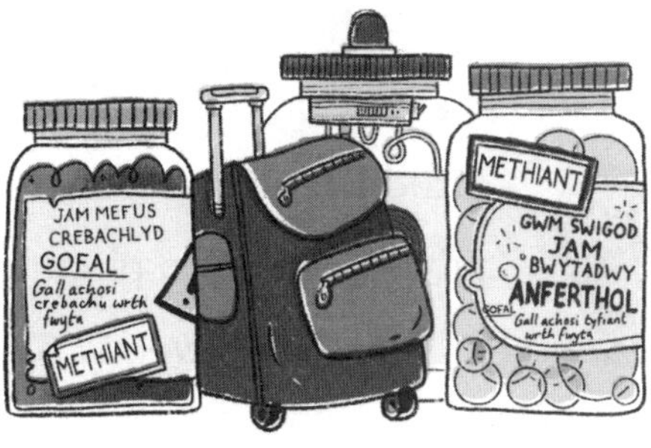

"Wyt ti'n meddwl beth dwi'n ei feddwl?" Dyma'i lygaid yn cwrdd â rhai Fflwffen wrth iddo nodio tuag at y silff.

Oedodd Fflwffen am eiliad. Edrychodd i fyny ar y silff, yna yn ôl ar Sgwter.

“Ydy Sgwter yn meddwl y dylen ni roi brechdan Jam Mefus Crebachlyd i Beti, a’i chrebachu hi yn fach fel pysen, yna’i *slwtsio hi fel pryfyn*?” Stampiodd Fflwffen ei throed yn galed wrth iddi siarad.

“Ymm.” Camodd Sgwter yn ôl. “Ddim yn union.”

“O.” Nodiodd Fflwffen yn ddoeth. “Ydy Sgwter yn meddwl y dylen ni fwyta’r gwm swigod jam a throi’n gewri, er mwyn i ni fedru eistedd ar ben Beti a’i *slwtsio hi fel pryfyn*?” Y tro hwn, tarodd ei phen-ôl i lawr fel reslwr pitw maint pelen ping-pong.

“Naaaaaa!” Doedd Sgwter ddim yn gallu peidio â chwerthin. “Dwi ddim wir yn meddwl am slwtsio pryfed.”

“Tsss.” Cododd Fflwffen ei hysgwyddau. “Yna mae Sgwter yn meddwl y dylen ni ddefnyddio cês Fflwffen i greu dyfais newydd er mwyn rhwystro Beti.”

"Ydw, yn union!" gwenodd Sgwter. "Felly, beth sydd gen ti i fyny fan'na?"

Hedfanodd Fflwffen i fyny at y cês, ei hyrddio ar ei tharten jam ac yna arnofio'n sigledig yn ôl i lawr i fainc weithio Sgwter. Cododd y caead er mwyn datgelu jariau a thiwbiau profi yn llawn hylifau a diodydd llachar. Tyrchodd Fflwffen trwy'r cês cyn tynnu teclyn ysgwyd bach wedi ei lenwi â phowdwr arian tebyg i siwgr allan ohono.

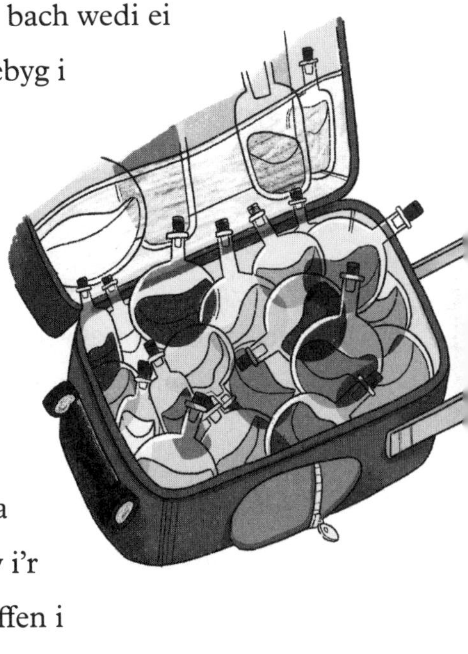

"Waw, beth mae hwnna'n ei wneud?" gofynnodd Sgwter.

"Powdwr gwrthddisgyrchiant. I wneud i ti hedfan! Gallen ni roi hwn i Beti a byddai hi'n hedfan i fyny i'r gofod." Pwyntiodd Fflwffen i fyny i'r awyr. "Mae'r gofod yn lle neis iawn. Byddai Beti wrth ei bodd yno." Goleuodd ei hwyneb.

"Pwff. Y broblem wedi ei datrys!"

"Ymm. Wel, a dweud y gwir, dydy bodau dynol ddim yn gallu anadlu yn y gofod." Cliriodd Sgwter ei wddf gan besychu'n lletchwith. "Felly falle y dylen ni ddal i edrych? Beth am rywbeth i drio'i chael hi i newid ei meddwl? Oes gen ti rywbeth felly?"

Tyrchodd Fflwffen yn ei chês eto. Y tro hwn tynnodd declyn ysgwyd bach wedi ei lenwi â'r hyn oedd yn edrych fel cannoedd a miloedd o felysion mân. Wrth i Sgwter syllu arnyn nhw, teimlai'n gynnes a niwlog a...

"Mae hwn yn bwerus iaaaawn." Tynnodd Fflwffen y teclyn ysgwyd yn ôl fymryn yn wyliadwrus. "Dyma'r Melysion Cyfeillgarwch."

"*Melysion Cyfeillgarwch*?" Syllodd Sgwter ar y jar bach yn llaw Fflwffen. "Beth wyt ti'n ei olygu?"

"Mae'r melysion hyn yn gwneud i gyfeillgarwch fod yn gryfach o lawer," esboniodd Fflwffen. "Os byddai Beti yn bwyta Melysion Cyfeillgarwch, byddai hi eisiau bod yn ffrindiau *gorau* gyda

Sgwter! Byddai hi'n gwneud unrhyw beth rwyt ti'n ei ofyn."

"Waw, o ddifri?" Meddyliodd Sgwter am y peth. Dim ond llond llaw o'r melysion mân yna a byddai'n cael y ffatri yn ôl! Byddai eu holl broblemau nhw wedi eu datrys. "Felly, pe byddai Beti'n cael rhywfaint o'r rhain, byddai hi'n rhoi'r ffatri yn ôl i ni, dim ond oherwydd fy mod i wedi gofyn iddi wneud hynny?"

"Falle." Meddyliodd Fflwffen am y peth. "Heblaw, fydd e ond yn gweithio os yw hi'n dy hoffi di *fymryn bach* yn barod." Gwnaeth Fflwffen arwydd gyda'i mynegfys a'i bawd.

"O." Crafodd Sgwter ei ben.

"Wel, dwi ddim yn meddwl ei bod hi yn fy hoffi i *o gwbl*. Hynny yw, pam fyddai hi'n fy hoffi i, ar ôl y tro gwael mae hi wedi ei wneud â ni?" Pwyntiodd yn ôl at y cês. "Falle y dylen ni roi cynnig ar rywbeth arall. Beth am yr hyn roedd Mam yn sôn amdano? Ti'n gwbod, soniodd hi y gallen ni brynu'r ffatri yn ôl oddi wrth Beti. Oes gen ti unrhyw beth fyddai'n gallu sicrhau digon o arian i ni? Fel..."

Crafodd ei ben. "Dwi ddim yn gwbod, hylif hud sy'n dod o hyd i aur neu hedyn coeden arian neu rywbeth tebyg i hynny?"

"Hmmm." Trodd Fflwffen yn ôl at y cês a thyrchu ynddo dan fwmian.

Na.

Na.

Na.

Edrychodd i fyny ac ysgwyd ei phen. "Does gan Fflwffen ddim hylif i ddod o hyd i aur."

"Aros eiliad!" llefodd Sgwter. "*Hylif Ailymddangos*, ddywedest ti?"

"Ie." Tynnodd Fflwffen botel o hylif du o'r cês. Pwyntiodd Sgwter yn llawn cyffro at y darnau o gerdyn post wedi rhwygo a adawodd Dad ar ei fainc weithio.

"Falle y gallen ni ddefnyddio hwn ar y cerdyn post!" Gwenodd. "Wyt ti'n meddwl y byddai'n rhoi'r darnau yn ôl at ei gilydd hefyd?"

"Dydy Fflwffen ddim yn siŵr." Ysgydwodd Fflwffen ei phen yn llawn amheuaeth wrth iddi gymryd piped bychan o'r Hylif Ailymddangos a'i ddal dros y darnau o gerdyn post ar ben yr hen sgrôl. "Ond mae Fflwffen yn meddwl mai dyma ein hunig gynllun ni ar hyn o bryd." Gollyngodd ddiferyn pitw ar y cerdyn post.

Am eiliad, gwnaeth yr hylif du byllau ar y darnau o gerdyn post. Yna, llithrodd i ffwrdd yn araf a dechrau socian drwodd i'r hen sgrôl oddi tano.

"Aros funud, beth sy'n digwydd?" Gwyliodd Sgwter yn llawn rhyfeddod wrth i linellau bach duon ddechrau sboncio a saethu ac, o'r diwedd, fe dynnon nhw lun ar draws yr hen sgrôl. Sgubodd y darnau o gerdyn post i un ochr er mwyn edrych yn agosach. Roedd fel pe bai'r Hylif Ailymddangos yn gwneud y llinellau yn dywyllach lle'r oedd y llun wedi pylu o dan eiriau'r cytundeb. A dweud y gwir, roedd y geiriau pwysig yn cael eu dileu yn araf a hen lythrennau chwyrlïog a lluniau yn ymddangos yn eu lle.

Roedd cwmpawd ar gornel dde'r dudalen. Ar y chwith roedd llun penglog ac esgyrn croes. Syllodd Sgwter yn gegagored wrth i'r llinellau duon barhau i dynnu llun ar hyd y dudalen, gan ddatgelu hanner cynllun adeilad.

O ymyl y dudalen oedd wedi rhwygo, roedd hanner cylch wedi ei labelu â *Hen Ffynnon* a chroes fawr mewn un stafell. Roedd saeth yn pwyntio tuag at y groes.

"Dwi'n meddwl falle mai map yw hwn!" Agorodd llygaid Sgwter led y pen wrth i Fflwffen ddod i hofran yn ei ymyl. "Map hen ofnadwy." Syllodd i lawr ar y benglog ac esgyrn croes. "Dwyt ti ddim yn meddwl mai *map trysor* yw e, wyt ti?"

"O, gwych, rwyt ti wedi dod o hyd i'r hanner arall!" Er mawr syndod i Sgwter, disgynnodd merch i lawr o bibell yn y nenfwd. Rhoddodd ei dwylo ar y bwrdd dyfeisiadau, troi tin-dros-ben am yn ôl a glanio ar ei phymps sgryfflyd o'u blaenau. "Ro'n i jest yn dod i drafod hynny gyda ti."

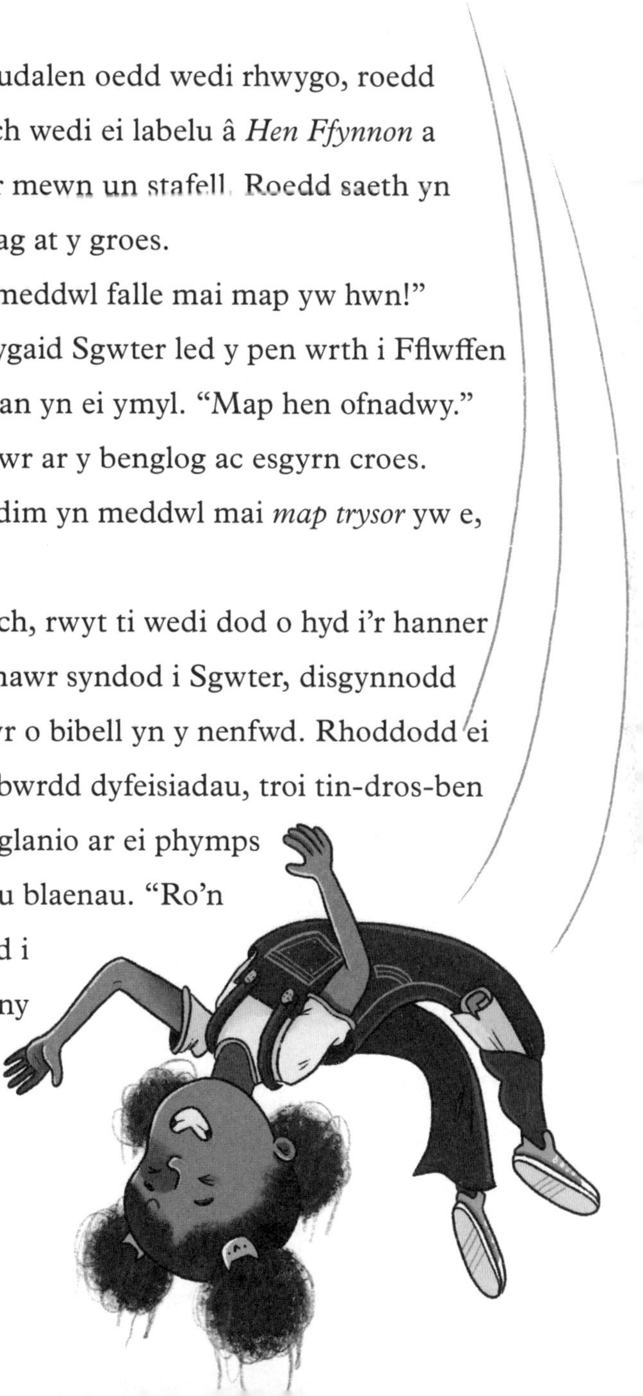

Syllodd Sgwter ar y ferch o'i flaen.

"Ymmm. Beth? Sut?" Crafodd ei ben.

"Paid ti â symud *modfedd*!" Gwibiodd Fflwffen rhwng y ddau, ei llygaid yn gul wrth iddi chwifio llusen rhwng ei bawd a'i bys blaen. "Neu byddwn ni'n dy slwtsio di fel pryfyn..." Gwasgodd y llusen rhwng ei bysedd pitw.

Pffffff.

Dihangodd chwa fechan o aer o'r llusen. "... fel PRYFYN!"

Gwasgodd Fflwffen y llusen yn galetach.

Pffffffffff.

Cododd yr ymwelydd un o'i haeliau. Rhoddodd Fflwffen y llusen ar ei

tharten jam a chodi ei throed fach. "FEL TRYCHFIL!" Stampiodd arni yn galed.

Popiodd y llusen allan o dan ei throed, gwibio tuag at y ferch a bownsio oddi ar ei thalcen gyda'r un nerth â... wel, llusen braidd yn grychlyd ac, ar y cyfan, cwbl ddiniwed.

BOP.

"Aaaa! Mae llusen wedi ymosod arna i!" llefodd y ferch wrth wingo ar y llawr, gan esgus reslo â'r llusen. Crychodd cornel ceg Fflwffen fymryn a doedd

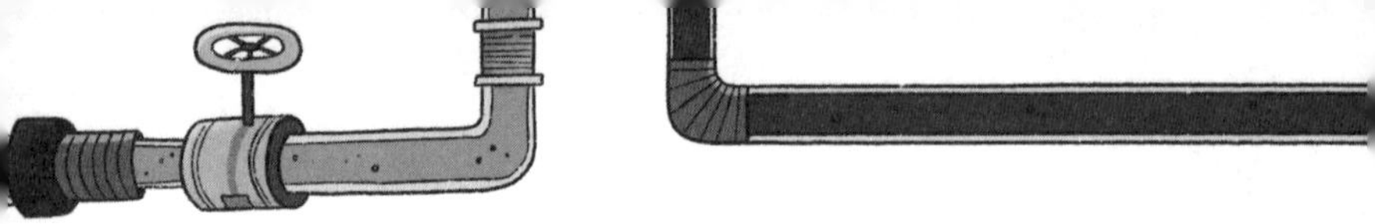

Sgwter ddim yn gallu peidio â chwerthin. Pwy bynnag oedd y ferch yma, roedd hi'n reit ddoniol. Ond doedd hynny ddim yn esbonio beth roedd hi'n ei wneud yma. Na sut y llwyddodd i ddod i mewn. A doedd e'n sicr ddim yn esbonio sut roedd hi'n gwybod am y map.

Safodd y ferch ar ei thraed, rhoi'r llusen yn ei cheg â winc gyfeillgar ac estyn ei llaw allan.

"Cadi ydw i." Gwenodd.

Edrychodd Sgwter ar ei llaw. Roedd yn rhaid iddo gyfaddef, o feddwl ei bod hi newydd dorri i mewn, doedd hi ddim yn *edrych* fel lleidr.

"Sgwter ydw i." Cymerodd ei llaw a'i hysgwyd, gan osgoi bod yn *rhy* gyfeillgar. Doedd e ddim yn ymddiried yn llwyr ynddi eto. Roedd Fflwffen, ar y llaw arall, fel pe bai wedi penderfynu ei bod hi'n hoffi'r ferch. Hedfanodd ei tharten jam led braich o wyneb Cadi,

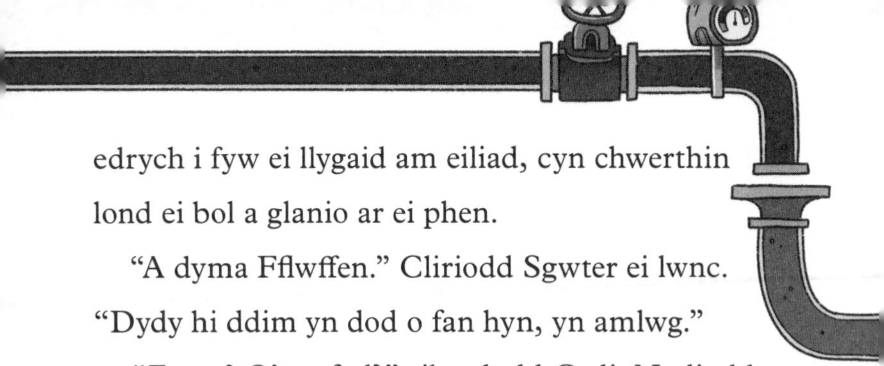

edrych i fyw ei llygaid am eiliad, cyn chwerthin lond ei bol a glanio ar ei phen.

"A dyma Fflwffen." Cliriodd Sgwter ei lwnc. "Dydy hi ddim yn dod o fan hyn, yn amlwg."

"*Estron*? O'r gofod?" sibrydodd Cadi. Nodiodd Sgwter. "Ro'n i'n amau." Anwesodd Fflwffen yn gyfeillgar.

"Felly, beth rwyt ti'n ei wneud fan hyn?" Edrychodd Sgwter i fyny ar y pibau uwch ei ben. "A... sut ddest ti i mewn?"

"Wel, creda di fi, doedd hi ddim yn hawdd. Roedd yn rhaid i fi wasgu fy hun trwy ambell fan reit dynn."

Daliodd Cadi lyfr i fyny iddyn nhw gael gweld. "Diolch byth fod hwn gen i i fy helpu! Ac o ran pam fy mod i yma, wel, fe ddes i i'ch rhybuddio chi am fy Wncwl Seimon. A hefyd, i ddangos y map yma i chi!"

Plygodd i lawr a thynnu'r sgrôl wedi melynu o'i hosan goch. "Do'n i ddim yn sylweddoli bod yr hanner arall gennych chi'n barod!"

Agorodd y sgrôl a'i gosod yn ofalus ar y fainc weithio, gan roi'r ymylon wedi rhwygo at ei gilydd. Pan wnaeth y ddau hanner cyffwrdd, saethodd yr Hylif Ailymddangos tuag at y canol yn syth, fwy neu lai. Dechreuodd yr hylif du bwytho'r ymylon gyda'i gilydd fel petai'n gwnïo ffrog. O'r diwedd, doedd dim arwydd iddyn nhw fod ar wahân erioed.

“Waw!” gwenodd Cadi. “Mae hynna’n sŵpyr-cŵl! Sut wnest ti *hynna*?”

“Dydy’r Hylif Ailymddangos heb weithio fel hyn o’r blaen.” Cododd Fflwffen ei photel a’i hysgwyd yn ysgafn. “Mae Fflwffen yn meddwl falle bod angen ei gymysgu â dŵr a’i chwistrellu.” Dechreuodd fwmian wrthi hi ei hun, gan wneud symiau cymhleth yr olwg mewn llyfr nodiadau o’i blaen.

Ond doedd Sgwter ddim yn gwrando. Roedd ei galon yn curo fel drwm wrth weld y geiriau:

Fan hyn mae hen drysor Capten Barti Bechingalw.

“Yw hwn yr hyn dwi’n feddwl yw e?” Syllodd i lawr ar y map o’i flaen. “Oherwydd os yw e, yna byddai hynny’n golygu – wel, byddai’n golygu bod *trysor o dan y ffatri jam*!”

“Sgwter!” Cododd Fflwffen ei phen yn gyflym o’i symiau. “Dyma’n *union* sydd ei angen arnon ni!”

Gwenodd Sgwter. Roedd Fflwffen yn llygad

ei lle. Ac mae'n rhaid bod trysor cannoedd o flynyddoedd oed yn werth ffortiwn. Digon i brynu'r ffatri yn ôl gan Beti, beth bynnag! Y cyfan roedd angen iddo ei wneud oedd defnyddio'r map hwn a dod o hyd iddo. Yna efallai, dim ond efallai, y gallen nhw gael y ffatri yn ôl mewn pryd i'r Ailagoriad Anhygoel!

Heblaw... doedd ond un broblem.

"Pwy oedd y Capten Barti Bechingalw yma?" pendronodd Sgwter. "Achos mae'n swnio fel pe bai ganddo rywbeth i'w wneud â Beti, o bosib. Ac felly, yn dechnegol, a fyddai'r trysor yn eiddo iddi hi?"

"Falle ei fod e'n fôr-leidr o amser *maith* yn ôl?" Cododd Cadi ei hysgwyddau. "Hen, hen dad-cu i Beti, neu rywbeth felly?"

"Fyddwn i'n synnu dim bod gwaed môr-leidr yn Beti."

Ochneidiodd Sgwter wrth edrych yn ôl ar y map. Ond doedd hi ddim yn ymddangos fel pe bai'r Hylif Ailymddangos wedi gorffen gwneud ei waith eto. Daliodd ati i sgriblo a thynnu lluniau ar draws y papur, ac ymddangosodd geiriau newydd o flaen eu llygaid.

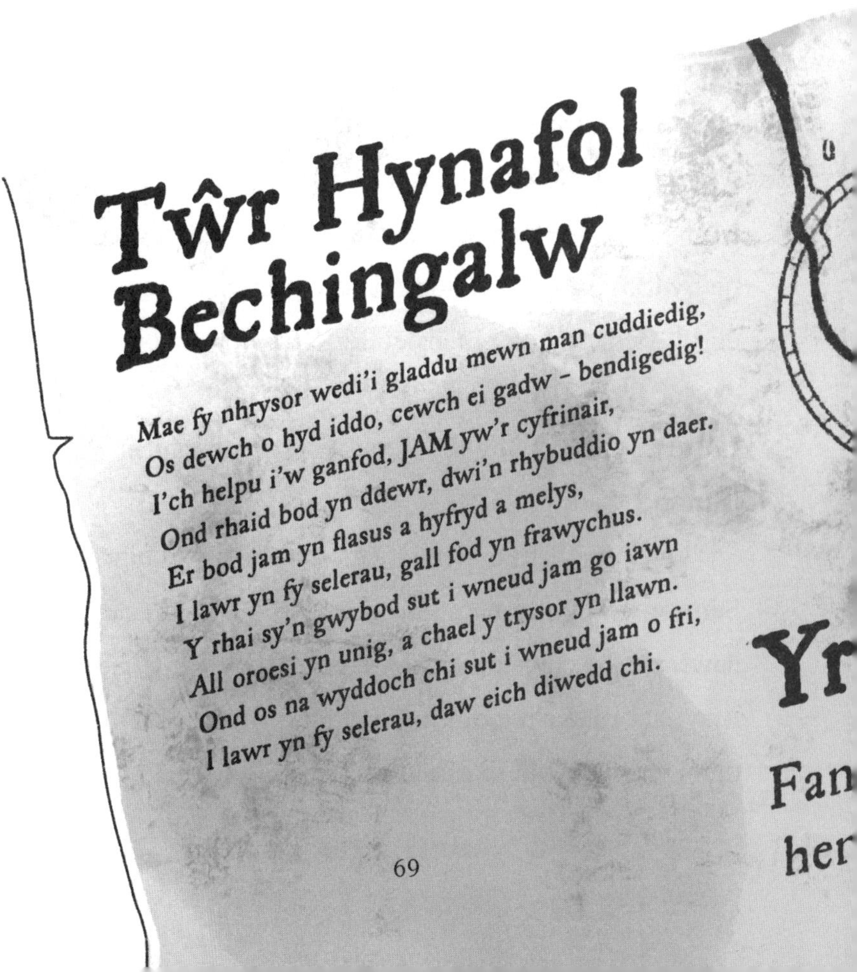

"Wel, mae'n siŵr bod hynny'n ateb fy nghwestiwn ynglŷn â phwy sy'n berchen ar y trysor! Ond *jam*?" Gwgodd. "Beth sydd gan drysor Barti Bechingalw i'w wneud â jam?" Darllenodd y gerdd eto. Doedd y darn '*daw eich diwedd chi*' ddim yn swnio'n grêt.

Efallai na fyddai Mam a Dad yn hoffi *hynny*.

Ond eto, roedd e hefyd yn dweud y byddech chi'n goroesi os oeddech chi'n gwybod sut i wneud jam. Ac os oedd unrhyw un yn gwybod sut i wneud jam, Sgwter oedd hwnnw! Ac roedd Mam *wedi* dweud y gallen nhw brynu'r ffatri yn ôl pe byddai Sgwter yn dod o hyd i bentwr o drysor cudd. Felly, byddai hi eisiau iddo ddod o hyd i drysor Barti Bechingalw... yn byddai?

Wrth i lygaid Sgwter oleuo yn llawn gobaith, camodd Cadi ymlaen.

"Ond cyn i chi gyffroi gormod – mae fy Wncwl Seimon yn cynllunio'n barod i ddod o hyd i'r selerau llawn trysor yn ystod eich Ailagoriad Anhygoel heno. Ac yna... mae e'n cynllunio i wneud rhywbeth i'ch ffatri chi. Rhywbeth ofnadwy." Ysgydwodd ei phen yn gadarn. "Twyllwr da i ddim yw Wncwl Seimon. Fe ddes i yma i'ch rhybuddio chi!"

"Ond pam?" llefodd Sgwter. "Dydyn ni heb wneud dim iddo fe!"

"Dwi ddim yn deall y peth chwaith. Ond, mae e *wir* yn casáu jam. Dwi ddim hyd yn oed yn siŵr pam – dydy e erioed wedi blasu jam, hyd yn oed! Mae'n rhyfedd dros ben. Ond fedrwn i ddim gadael iddo wneud unrhyw beth i Jam Cadwaladr!"

"Falle nad Jam Cadwaladr fydd e heb y trysor yna." Ochneidiodd Sgwter wrth syrthio'n swp i gadair. "Os na ddown ni o hyd iddo erbyn chwech o'r gloch heno, bydd pawb yma i weld Ailagoriad Anhygoel Jam *Bechingalw*. Mae Beti Bechingalw wedi ein twyllo ni – hi sy'n berchen ar y ffatri, a'r unig ffordd y gallwn ni newid hynny yw os prynwn ni'r ffatri yn ôl ganddi."

"O ddifri?" ebychodd Cadi. "Allwch chi ddim gadael iddi gymryd eich ffatri chi! Roedd ei thoesenni hi'n afiach." Gwnaeth wyneb fel pe bai ar fin chwydu.

"Pam mae'r oedolion yma'n meddwl ei bod hi'n iawn i ddwyn ein stwff ni? Gynta i gyd, fe aeth Wncwl Seimon â holl bethau gwerthfawr fy rhieni, yna fe aeth e â Mistar Jam, a nawr mae e'n cynllwynio i fynd â'r trysor. Ac mae Beti'n meddwl ei bod hi'n iawn i fynd â'ch ffatri chi hefyd? Mae'n rhaid i ni ddangos iddyn nhw na allan nhw jest—"

"Pwy yw'r Mistar Jam yma?" Cododd Fflwffen lusen gan edrych yn fygythiol. "Lleidr arall?"

"O na, mae'n iawn!" chwarddodd Cadi. "Fy nhedi i yw Mistar Jam. Fe wnaeth Wncwl Seimon ei ddwyn o *fy ngwely i.*"

"Mae'r Wncwl Seimon yma'n ddrwg iaaaawn." Taflodd Fflwffen y llusen ar y llawr.

"Beth bynnag," aeth Cadi yn ei blaen, "gwell i ni frysio os ydyn ni am ddod o hyd i'r trysor. Os gallwn ni gyrraedd yn ôl cyn eich Ailagoriad Anhygoel, yna gallwn ni rwystro Beti ac Wncwl Seimon. Ddylai hynny ddim bod yn rhy anodd. Y cyfan sydd angen i ni ei wneud yw torri i mewn i ffatri Jam Bechingalw, dod o hyd i'r fynedfa i'r selerau, mynd trwy ambell drap ffŵl a dod o hyd i'r trysor. O, ac osgoi *daw eich diwedd chi*. A'r cyfan o fewn..." Edrychodd ar ei horiawr a chnoi ei gwefus. "... ym, saith awr. Mae hynny i gyd yn bosib, yn tydy?"

Gwenodd Sgwter. Mewn gwirionedd, roedd ganddo ateb i'r holl heriau hyn. Ond roedd hynny'n golygu dangos ei ddyfeisiadau i Cadi a doedd Sgwter ddim yn hollol siŵr am hynny. Efallai ei bod hi wedi ei rybuddio am ei hewythr ac wedi dod â'r map iddyn nhw, ond beth os tric oedd y cyfan er mwyn dwyn ei holl syniadau, fel y gwnaeth Beti?

"Sgwter," sibrydodd Fflwffen i'w glust, fel pe bai wedi darllen ei feddyliau. "Mae Fflwffen yn gallu

gweld nad yw Cadi'n dweud celwydd. Mae Fflwffen yn credu ein bod ni'n gallu ymddiried ynddi."

"Rwyt ti'n gallu gweld *hynny*?" sibrydodd Sgwter. "Wir?"

Pan gyrhaeddodd Fflwffen y ffatri jam am y tro cyntaf, dywedodd wrth Sgwter ei bod hi'n gallu gweld creadigrwydd fel enfys o liwiau o amgylch person. Dyna pam roedd hi wedi glanio ar y Ddaear, a dweud y gwir. Roedd lliwiau gor-greadigrwydd Sgwter mor llachar fel bod Fflwffen wedi eu gweld nhw yr holl ffordd o'r gofod! Ond doedd Sgwter ddim yn gwybod ei bod hi'n gallu gweld gonestrwydd hefyd.

"Pan fydd person yn dweud celwydd, mae eu creadigrwydd nhw'n goch," esboniodd Fflwffen. "Gall pobl fod yn greadigol iawn pan fyddan nhw'n dweud celwydd!" Syllodd yn galed ar Cadi eto cyn ysgwyd ei phen. "Does dim coch o amgylch Cadi."

"Felly, awn ni?" Pwyntiodd Cadi at y drws. "Wedi'r cyfan, os ydych chi eisiau cael gafael ar y trysor erbyn chwech o'r gloch heno, byddai'n well i ni fynd yn syth bin, yn byddai?"

Edrychodd Sgwter i lawr ar y sblint ar ei goes. Doedd dim ffordd iddo allu mynd i chwilio am drysor heb wneud cynllun a phacio'i nwyddau. Efallai fod Cadi'n gallu dringo wal ffatri a neidio tin-dros-ben o biben, ond byddai angen rhywfaint o help ar Sgwter.

Yn ffodus, roedd e wedi dyfeisio'r teclynnau perffaith ar gyfer hynny.

"Bydd angen i fi bacio ambell beth yn gyntaf." Chwibanodd wrth i ddwy law robotig estyn i lawr o'r nenfwd. "A dwi'n meddwl bod angen cynllun arnon ni. Ond iawn, o'r gorau. Dewch i ni ddod o hyd i'r trysor a chael ein ffatri ni'n ôl gan Beti!"

"O'r gorau!" Pwniodd Cadi yr aer yn llawn cyffro wrth i Fflwffen gylchu o amgylch ei phen, wrth ei bodd.

"Dwylo Robotig?" gorchmynnodd Sgwter. "Mae angen i ni bacio i fynd ar helfa drysor."

PENNOD CHWECH

Roedd Seimon Sgwlca a Cyrnol Pom Pom wrthi'n ymarfer gwneud y sblits yn y siop hen greiriau wrth i Seimon fynd dros y cynllun i ddwyn y trysor.

"Wrth gwrs, yn gyntaf bydd yn rhaid i ni ymddangos fel pe baen ni'n mynd i'r Ailagoriad Anhygoel fel pawb arall." Ymestynnodd Seimon i lawr dros un goes. "Ond cyn gynted ag y byddwn ni y tu mewn, Cyrnol Pom Pom, galli di ddefnyddio dy drwyn er mwyn arogli'r fynedfa i'r selerau trysor."

"**Mîp.**" Nodiodd Cyrnol Pom Pom wrth wneud sblits perffaith ar lawr.

"Mae gen i gwpwl o fagiau lladrata yr un i ni," meddai Seimon, gan gyffwrdd ei drwyn â bys ei droed. "Felly fe awn ni â beth allwn ni." Tynnodd ei hun i fyny yn stiff o'r sblits, sefyll ar ei draed ac ymestyn. "Y cyfan sydd angen i ni benderfynu nawr yw sut rydyn ni'n mynd i achosi llanast yn y ffatri gebyst yna. Yn ddelfrydol, byddwn i'n chwythu'r lle i fyny yn fil o ddarnau mân. Ond falle y dylen ni roi brics yn y peiriannau, neu falle y gallen ni arllwys glud cryf i'r jam, hyd yn oed, a dod â phopeth i stop yno..."

"**Mîp!**" Chwarddodd Cyrnol Pom Pom yn fodlon.

"Beth am i ni anelu am y seler a meddwl am gynllun go iawn." Sgipiodd Seimon i lawr y grisiau, gwthio'r drws ar agor a neidio i mewn.

"Ych a fi!" Camodd yn ôl wrth weld brechdan jam ar lawr. "Cer â hi o 'ngolwg i!"

Aeth i guddio y tu ôl i hen gadair freichiau wrth i Cyrnol Pom Pom godi'r frechdan a'i thaflu allan trwy'r drws. "Mae'n rhaid bod fy nith felltith wedi bod yma. Alla i ddim meddwl pam y byddai hi'n chwarae'r fath dric cas arna i!" Syrthiodd Seimon yn swp ar y gadair freichiau a rhwbio'i ben yn flinedig wrth i Cyrnol Pom Pom dylino'i dalcen. Gwingodd Seimon yn anghyfforddus. Roedd rhywbeth lympiog o dan ei ben-ôl.

Estynnodd i lawr a thynnu hen declyn rheoli teledu o dan y glustog.

CLIC.

Neidiodd Seimon yn llawn syndod wrth i hen deledu Beti fflachio a dod yn effro.

Daeth Seimon o hyd i'r teledu mewn sgip yn llawn o hen stwff Beti wrth iddo chwilio am hanner arall y map. Ond roedd e wedi torri. Doedd dim sŵn yn dod ohono a dim ond un sianel oedd arno: rhywbeth o'r enw *Cam-Jam* na chlywodd amdano erioed. Doedd e'n dangos dim byd ond golygfa agos o gês ag arwydd rhybudd arno.

Heblaw... edrychodd yn agosach.

Roedd y cês wedi diflannu o'r golwg a nawr roedd e'n gallu gweld y tu mewn i stafell. Rhyw fath o labordy oedd y stafell. Roedd yno fachgen a—

"Beth mae fy *nith felltith* yn ei wneud yn fan'na?" Eisteddodd Seimon yn gefnsyth wrth syllu'n gegagored ar y sgrin. Roedd hi'n siarad â'r bachgen ac roedd y ddau yn pwyso dros fwrdd ac yn edrych ar... "Fy *UN I* yw hwnna!" Neidiodd i fyny o'r gadair freichiau, ei lygaid yn gwibio tuag at y wal gefn wrth iddo adnabod ei fap ar y sgrin o'i flaen. "A sut yn y byd ddaeth hi o hyd i'r ail hanner? O, y gnawes fach! Gynta i gyd mae hi'n gadael brechdan jam yn fy stafell ladrata, yna mae hi'n dwyn fy map i, a nawr mae hi'n cynllwynio i *ddwyn fy nhrysor i*! O fewn dim, bydd hi'n cystadlu yn ein herbyn ni ym *Mhencampwriaeth Dawnsio Perchennog a'i Anifail Anwes*!"

"**Mîp!**" Gwnaeth Cyrnol Pom Pom ddawns fach flin.

"Rwyt ti yn llygad dy le," gwenodd Seimon yn slei. "Fyddai ganddi ddim gobaith yn ein herbyn *ni*." Pwyntiodd y teclyn rheoli tuag at y teledu a chynyddu'r sŵn, jest mewn pryd i glywed y bachgen yn dweud:

"Dewch i ni ddod o hyd i'r trysor a chael ein ffatri ni'n ôl gan Beti!"

"*Beti?*" Eisteddodd Seimon yn ôl ar y gadair freichiau a dechreuodd Cyrnol Pom Pom dylino ei dalcen eto. Felly roedd Beti yng ngofal y ffatri eto? Wel, roedd hynny'n gwneud pethau fymryn yn haws. Gwenodd. Byddai'n gallu swyno'i ffordd heibio i'r hen Beti Bechingalw wirion yna heb unrhyw drafferth. Gwyliodd wrth i Cadi bwnio'r awyr yn llawn cyffro ar y sgrin. Roedd hi'n ymddangos fel pe bai ei nith yn fwy cyfrwys nag y tybiodd. Crynodd mwstás

Seimon wrth i gysgod gwên falch sleifio ar ei wyneb. Felly, roedd hi'n gyw o frid wedi'r cyfan!

Yn anffodus iddi hi, doedd Seimon Sgwlca ddim yn hawdd ei dwyllo.

"Newid i'r cynllun, Cyrnol Pom Pom." Neidiodd ar ei draed a chydio mewn hen glipfwrdd oddi ar silff yn ei ymyl. "Rydyn ni am fynd i mewn i'r ffatri yna yr eiliad hon."

"Iawn 'te." Safodd Sgwter o flaen bwrdd gwyn wrth i ddwy law robotig weithio'n brysur yn ei ymyl. Roedd un wrthi'n pacio bag cefn mecanyddol yr olwg â dwy jar o jam goleuo-yn-y-tywyllwch, a digonedd o frechdanau jam, llus a thafelli jam blas sbrowts (i Fflwffen) i'w bwydo nhw i gyd am fis. Roedd y llall yn tynnu llun map o ffatri Jam Bechingalw ar y bwrdd gwyn.

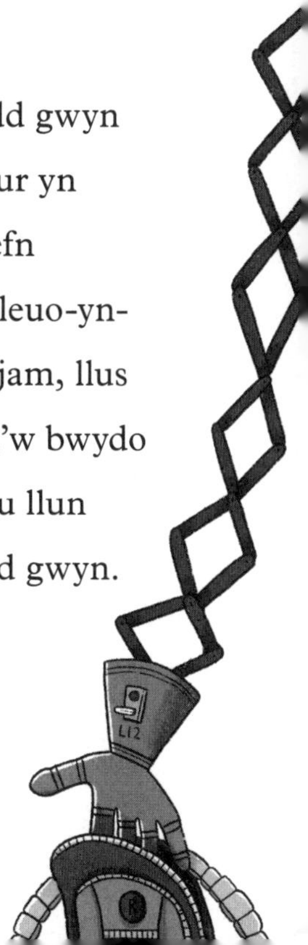

Gwyliodd Cadi nhw yn llawn rhyfeddod, ei hwyneb yn gymysgedd o syndod a boddhad.

"Dyma fy Nwylo Robotig," esboniodd Sgwter. "Mae fy nwylo i'n gallu bod braidd yn stiff weithiau, felly fe wnes i ddatblygu'r Dwylo Robotig i fy helpu i. Ddwylo Robotig, dyma Cadi. Bydd hi'n ymuno â ni ar yr helfa drysor." Gwenodd Sgwter wrth i'r ddwy law robotig stopio'r hyn roedden nhw'n ei wneud a chwifio'n gyfeillgar ar Cadi.

"Felly, dyma'r cynllun," esboniodd Sgwter wrth i Robot-Law Dau orffen tynnu llun o'r map. "Fe wnes i adeiladu roler-coster yn ffatri Jam Bechingalw pan oedden ni'n gwneud gwaith ar y lle. Mae'n siŵr nad yw Beti'n sylweddoli hyn, ond mae wedi ei gysylltu â'r roler-coster yn y ffatri hon, felly dyna'r ffordd orau i ni fynd i mewn." Gwyliodd Sgwter wrth i Robot-Law Dau dynnu llun croes fechan ar y map a dechrau ysgrifennu.

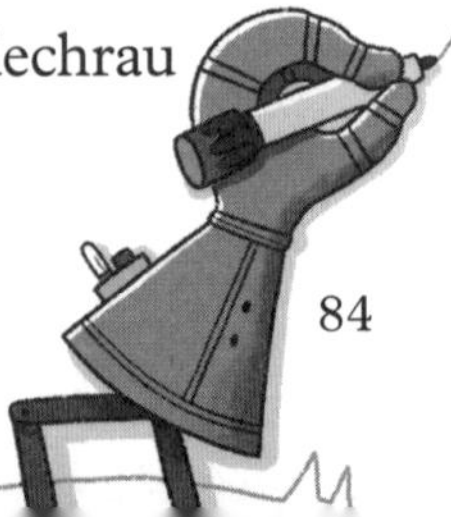

“Pan fyddwn ni y tu mewn, dwi’n eitha siŵr bod y fynedfa i’r selerau fan hyn.” Pwyntiodd Sgwter at stafell wedi ei labelu yn *Cwpwrdd Dyfeisiadau o Chwith*. “Yr her fwyaf i ni fydd mynd o Fynedfa’r Roler-coster at y cwpwrdd heb i Beti neu Boris ein gweld ni.”

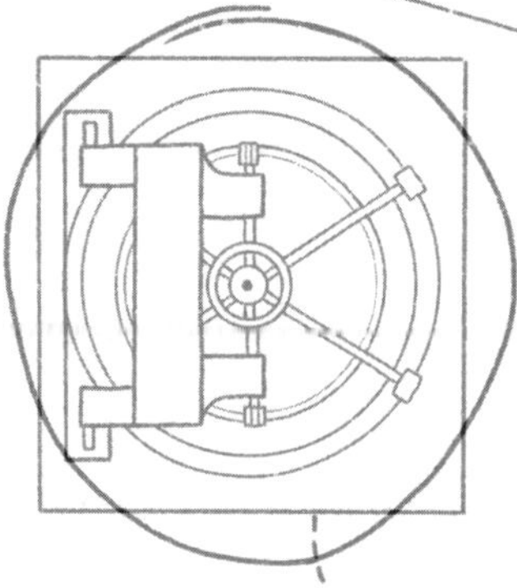

Tynnodd Robot-Law Dau linell ddotiog igam-ogam rhwng y ddwy X. Yna tynnodd lun o ddynes coesau matshys a mochyn cwta wedi eu labelu yn *Beti* a *Boris*. “Cyn gynted ag y byddwn ni yn y cwpwrdd yna, fe ddylen ni fod yn ddiogel i chwilio am y fynedfa i’r selerau heb i neb darfu arnon ni.”

“O’r gorau.” Nodiodd Cadi. “Beth am ddod o hyd i’r fynedfa ei hun? Wyt ti wedi cynllunio ar gyfer hynny hefyd?”

"Nac ydw." Ysgydwodd Sgwter ei ben, yna gwenodd wrth i Fflwffen hofran yn ei ymyl, gan dynnu chwistrellydd planhigion bach o du ôl i'w chefn a wincio. "Ond mae gan Fflwffen gynllun. Mae hi am wneud yn siŵr ein bod ni'n dod o hyd i'r fynedfa, dim problem."

"A..." Edrychodd Cadi i lawr ar sblint Sgwter braidd yn chwithig. "Beth am pan fyddwn ni y tu mewn? Wyt ti'n mynd i ymdopi â'r trapiau ffŵl? Ydy dy goes—" Pwyntiodd at ei sblint. "Wel, ydy hwnna'n gwneud pethau'n anoddach i ti?"

Edrychodd Sgwter i lawr ar ei goes chwith hefyd. Oedd, roedd parlys yr ymennydd yn gwneud pethau fymryn yn anoddach weithiau, yn enwedig pan fyddai angen i Sgwter gerdded yn bell iawn. Dyna pam roedd e wedi adeiladu roler-coster yn y ffatri yn y lle cyntaf.

"Dydy pethau byth cweit mor hawdd pan na fydda i yn y ffatri," cytunodd. "Ond dyna pam dwi wedi creu dyfais newydd, a dweud y gwir. Un dwi'n gallu ei defnyddio yn *unrhyw* le." Tapiodd ei fag cefn â gwên hyderus. "Aros di ac fe gei di weld!"

"Sgwter, mae hwn yn hollol anhygoel!" Gwichiodd Cadi wrth i'r roler-coster sgrialu trwy'r ffatri. Roedd hi'n wên o glust i glust wrth wibio ar hyd y trac troellog. Syllodd ar y gyffordd sbageti o bibau, polion a phwlïau oddi tani.

"Aros di nes i ni fynd i mewn i ffatri Jam Bechingalw!" gwenodd Sgwter. "Rydyn ni wedi gwneud roler-coster gwell fyth yno!"

Tyc, tyc, tyc, tyc.

Teithiodd y gert fach yn araf i fyny tuag at do'r ffatri, trwy'r ffenest yn y to ac allan i'r awyr las uwchben.

Aeth y traciau i fyny, i fyny ac i fyny, hyd nes iddyn nhw ddod i ben yn frawychus o sydyn. Stopiodd y gert fach yn stond yng nghanol yr awyr, yn union uwchben to gwydr ffatri Jam Bechingalw.

"Cwymp Cythreulig Bechingalw!" sibrydodd Fflwffen a'i gwynt yn ei dwrn a'i dwylo wedi eu plethu'n dynn. "Brawychus iaaaaawn." Gwenodd wên lydan.

Gwingodd Cadi'n anghyfforddus wrth edrych ar y gwymp oddi tanyn nhw.

Whwwwwwwwwwwwsssssshhhhhh!

"Wiiiiiiiiiiiiiiiiiiiiii!"

Roedd y traciau'n anelu yn syth i lawr tuag at ffatri Jam Bechingalw, fel si-so enfawr, gan gario'r gert fach gyda nhw ar gyflymder anhygoel. Teimlodd Sgwter ei stumog yn troi yn llawn cyffro a'i lygaid yn dyfrio wrth iddyn nhw blymio i lawr, i lawr, i lawr tuag at y to gwydr oddi tanyn nhw.

"Rydyn ni'n mynd i fynd ar ein pennau i mewn i'r...!" llefodd Cadi wrth i ffenest fechan yn y to agor yn sydyn, jest mewn pryd i adael i'r

roler-coster wibio i mewn. Dyma nhw'n saethu ar draws pont raff yn y canopi ym mrig y coed, cyn gwibio dwmbwr-dambar i lawr a—

"Shhhhhhhhhhh! Pawb yn dawel!" Pwysodd Sgwter y botwm *Stop* ar y gert, gan wneud iddi stopio'n sydyn ac ysgwyd a gwneud sŵn

Wwwwwsssssssssssshhhhhhh

anferthol.

"Ym, Sgwter?" Blinciodd Cadi ddwywaith, gan ddal ei llaw dros ei chalon. "Pam ydyn ni wedi stopio ben-i-waered mewn coeden fananas?"

Gwasgodd Sgwter ei fys wrth ei wefusau a nodio at y llawr i'w hateb.

Oddi tanyn nhw, roedd Beti'n stompio ar hyd llawr y ffatri, a Boris mewn cariwr babi dros ei bol. Gwyliodd Sgwter wrth iddi stopio dafliad carreg o fynedfa'r roler-coster, wrth ymyl bath yn llawn jam a swigod yn arnofio allan ohono.

Oedodd Beti am eiliad, yna, â gwên gyfrwys, rhoddodd ei bys pwyntiog yn y bath a'i lyfu.

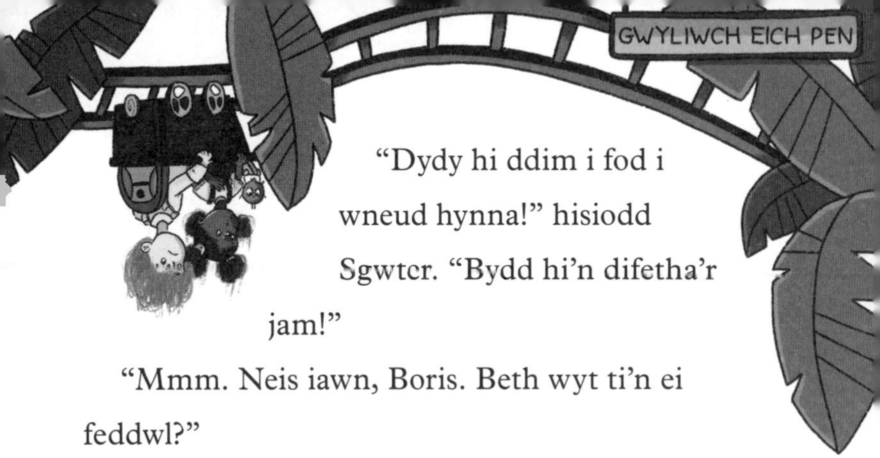

“Dydy hi ddim i fod i wneud hynna!” hisiodd Sgwter. “Bydd hi’n difetha’r jam!”

“Mmm. Neis iawn, Boris. Beth wyt ti’n ei feddwl?”

Gwyliodd Sgwter yn llawn arswyd wrth iddi wneud yr un peth eto, gan gynnig ei bys i Boris ei lyfu y tro hwn. “Ych a fi! Mae hi’n ychwanegu poer mochyn cwta at y jam nawr!”

Crychodd Sgwter ei drwyn wrth i Beti roi ei bys yn y bath am y trydydd tro. “Bydd yn rhaid i ni lanhau’r ffatri’n ofalus o’r top i’r gwaelo—” Ebychodd Sgwter wrth i Beti gydio mewn potyn o halen.

“Ond dwi’n meddwl bod angen ychwanegu mymryn o halen.” Gollyngodd gynnwys yr holl jar i’r bath, yna rhoddodd ei bys ynddo unwaith eto.

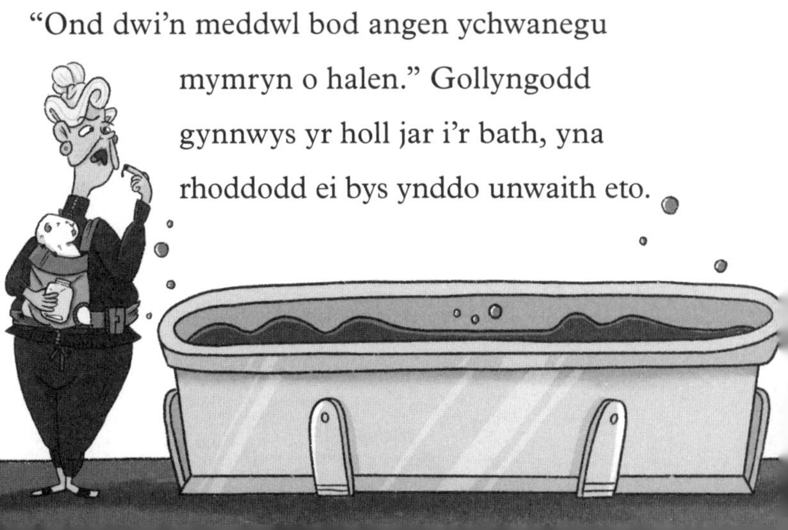

"Ych a fi." Gwnaeth ystum cyfogi. "Falle ddim."

Cynigiodd Beti fymryn o jam i Boris.

"**Gwich**." Caeodd hwnnw ei geg yn dynn, gan ysgwyd ei ben yn gadarn a doeth.

"Wel, bydd yn rhaid i ni feddwl am ein dyfeisiadau newydd ein hunain rywsut, Boris," chwythodd Beti wrth iddi gerdded heibio i'r goeden fananas a thuag at y Blasau Jam Parti.

Pwysodd Sgwter y botwm *Dechrau* ar y roler-coster ac arhosodd y grŵp bach yn dawel wrth i'r gert lusgo'n ddistaw tuag at lawr y ffatri.

"Gadewch i ni gyrraedd y cwpwrdd yna cyn gynted ag y gallwn ni," mwmialodd Sgwter wrth iddyn nhw ddowcio a gwyro'u ffordd heibio i Beti a Boris. Gwyliodd yn wyllt gacwn wrth i Beti bigo mefus o'r wal ffrwythau a rhoi slap i un o'r dwylo robotig wrth iddo geisio dwyn mefusen yn ôl ganddi. "Po gyflymaf y down ni o hyd i'r trysor, y cyflymaf y cawn ni Beti allan o'n ffatri *ni*."

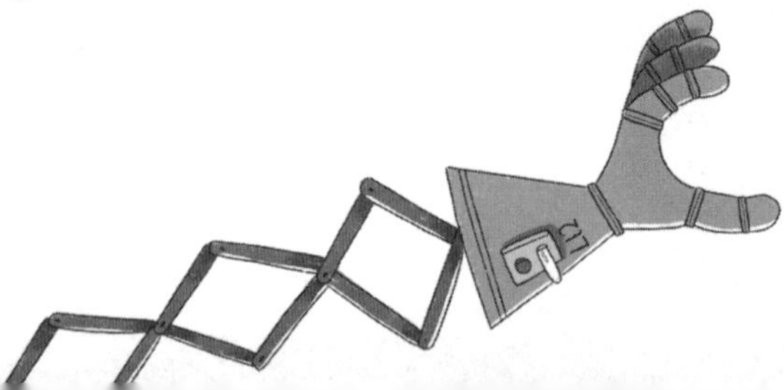

PENNOD SAITH

“Efallai fy mod i’n disgwyl rhywbeth fymryn mwy...” Roedd Cadi yn sefyll yng nghanol y Cwpwrdd Dyfeisiadau o Chwith, yn ymyl wal o Bapur Tŷ Bach Jam. “... *trysor-llyd*? Wyt ti’n siŵr mai dyma’r ffordd i’r selerau? Dwi ddim yn gallu gweld dim i'w wneud â'r môr-leidr, Capten Barti Bechingalw. Byddai wedi gallu hongian baner penglog ac esgyrn yn rhywle, o leia, neu'n well fyth, cleddyf!"

"Dwi'n siŵr mai hwn yw'r lle cywir." Astudiodd Sgwter y map am y miliwnfed tro wrth i Fflwffen lanio ar silff yn ei ymyl ac agor ei bag cefn. "Mae'n rhaid mai hwn yw

Chwistrell Gwallt Jam
(i droi eich gwallt yn galed fel carreg)

e." Edrychodd yn amheus ar y cwpwrdd. Roedd yn llawn silffoedd o ddyfeisiadau wedi eu labelu'n ofalus. Yr holl bethau roedd Sgwter wedi rhoi cynnig arnyn nhw dros y misoedd diwethaf ond a oedd wedi mynd fymryn o chwith. Doedd e ddim wedi sylweddoli bod *cweit* cymaint â hyn.

Gwm Swigod Jam
(y swigod yn rhy ysgafn – achosi hedfan)

Ymbarél Jam

(yn diferu jam ar eich pen)

Jam Losin Ffrwydrol

FFRWYDROL IAWN
(o'i roi mewn cysylltiad â dŵr)

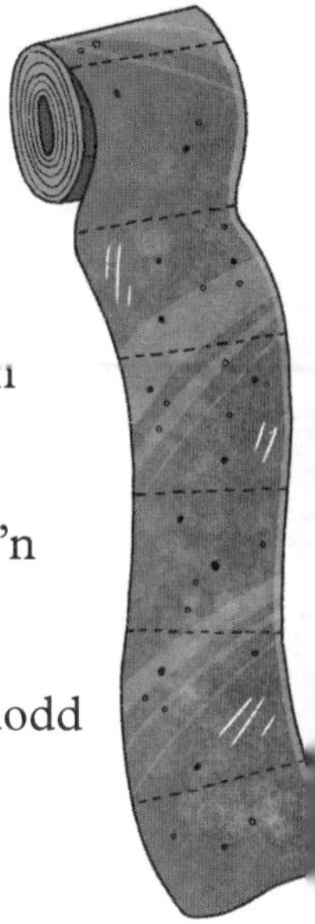

"Felly..." Daliodd Cadi rolyn o Bapur Tŷ Bach Jam i fyny wrth i Fflwffen estyn am ei bag cefn. "Beth yn *union* ddaeth dros dy ben di pan wnest ti feddwl am *hwn*?"

"Ro'n i jest yn meddwl bod jam yn arogli'n neis a falle y byddai papur tŷ bach jam yn gwneud i'r tŷ bach arogli'n neis hefyd." Cododd Sgwter ei ysgwyddau.

Meddyliodd Cadi am y peth.

"Mae hynny'n gwneud synnwyr, a dweud y gwir. Felly beth aeth o'i le?"

"Yn syth ar ôl iddo wlychu, aeth yn soeglyd i gyd ac fe flociodd y tŷ bach yn gyfan gwbl... heb sôn am y rhan fwyaf o waith plymio'r ffatri. Fe gymerodd wythnosau i Mam gael y cyfan i weithio eto." Rhwbiodd gefn ei wddf. "Dydy fy nyfeisiadau i ddim yn gweithio *bob amser*."

"Ond Sgwter, does yr un ddyfais yn berffaith yn syth bin." Tynnodd Fflwffen botel chwistrellu fach o'i bag cefn. "Weithiau mae angen llawer o waith arnyn nhw." Dechreuodd chwistrellu

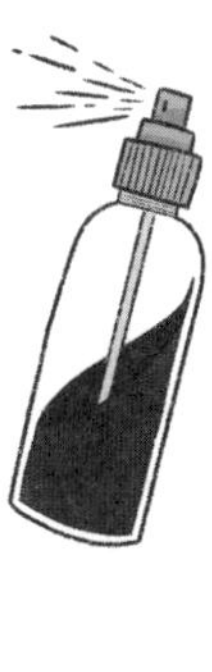

waliau'r cwpwrdd. "Ac weithiau, gallan nhw gael eu defnyddio ar gyfer rhywbeth arall. Do'n i ddim yn gwbod y byddai'r Hylif Ailymddangos gystal am ddod o hyd i drysor." Gwenodd. "Falle y bydd Fflwffen yn ailenwi'r Hylif Ailymddangos yn Hylif Dod o Hyd i Drysor!"

CLEWT. CLEWT. CLEWT. CLEWT.

Tawelodd y grŵp bach wrth glywed sŵn traed trwm yn nesáu.

"Ooo, Boris! Edrych ar y cwpwrdd yma!" Trodd pob un ohonyn nhw tuag at y llais oedd yn dod o'r tu allan i'r drws. "Dyfeisiadau o Chwith? Fydd dim angen i fi feddwl am unrhyw syniadau newydd os galla i drwsio un o'r rhain a ffugio mai un o fy rhai i yw e!"

"Dewch! Yn gyflym!" hisiodd Sgwter. "Beti sydd yna. Ewch y tu ôl i'r roliau o Bapur Tŷ Bach Jam!" Plymiodd y criw i lawr ar yr union eiliad yr agorodd y drws a llenwodd y stafell â chysgod hir.

"Glywest ti rywbeth, Boris?" Syllodd Beti'n amheus i mewn i'r cwpwrdd.

"Gwich." Cododd Boris ei ysgwyddau yn y cariwr babi wrth i Beti ddechrau tyrchu trwy'r silffoedd. Disgynnodd ei llygaid ar y wal o roliau Papur Tŷ Bach Jam.

"Ooo, Boris, am syniad bendigedig! Byddai hwn wir yn gwneud i'r tŷ bach arogli'n hyfryd."

Roliodd Boris ei lygaid wrth i Beti estyn am rolyn o Bapur Tŷ Bach Jam, filimetrau'n unig o ben Sgwter. "Wel, dwi am fynd ag un neu ddau."

DING DONG.

Stopiodd yn stond. Roedd blaenau ei bysedd bron iawn â chyffwrdd â gwallt Sgwter wrth iddi droi i wynebu'r drws ffrynt.

"Oes rhywun wrth y drws?"

DING DONG.

Rat-a-tat-tat.

"O'r gorau, o'r gorau. Dwi'n dod," mwmialodd Beti. Cydiodd mewn jar o Jam Losin Ffrwydrol, edrych arno yn feddylgar, yna stompio allan o'r cwpwrdd a chau'r drws yn glep ar ei hôl.

Roedd Seimon yn aros y tu allan i ddrws ffrynt y ffatri jam â gwên glên ar ei wyneb, clipfwrdd pwysig yr olwg o dan ei gesail a Cyrnol Pom Pom yn sbecian allan o'i boced. "Cyn gynted ag y bydd hi'n agor y drws, Cyrnol Pom Pom, dringa di i lawr a dechrau ffroeni am y fynedfa i'r selerau. Gad i fi ddelio â Beti Bechingalw." Gwenodd yn goeglyd.

"Beth ydych chi eisiau?" Agorodd Beti'r drws ffrynt. Roedd ganddi fochyn cwta gwyn, tew mewn cariwr babi dros ei bol a jar o jam afiach yr olwg yn ei llaw. "Os ydych chi yma i gasglu arian ar gyfer rhywbeth, yna fe ddylech chi wybod fy mod i'n arfog a pheryglus. Felly dwi'n awgrymu eich bod chi yn ei heglu hi'n reit..."

"Dydd da, cariad." Torrodd Seimon ar

ei thraws â winc swynol, ei ddant aur yn pefrio wrth iddo bwyso'n ddigyffro ar ffrâm y drws.

Oedodd Beti wrth ostwng y jar o Jam Losin Ffrwydrol fymryn.

Trodd Seimon ei fwstás yn ddireidus.

"Oooo." Chwarddodd Beti gan gochi at ei chlustiau. "Rydych chi'n dipyn o foi." Gosododd y jar o jam ar y llawr wrth ei hymyl wrth i Cyrnol Pom Pom brocio'i ben allan o boced fewnol Seimon a pharatoi i sleifio i mewn i'r ffatri.

"Gwich." Edrychodd Boris arno'n amheus.

"**Mîp.**" Ciliodd Cyrnol Pom Pom yn ôl i boced Seimon.

"Dwi yma oherwydd fy mod i'n edrych am lygod bach digywilydd," aeth Seimon yn ei flaen. "Hynny yw, llygod mawr."

Daliodd ei glipfwrdd i fyny.

"Llygod mawr?" Gwgodd Beti wrth i Boris ddowcio fymryn i'r cariwr, ei lygaid yn parhau i wylio poced Seimon yn amheus.

"O ie." Gwnaeth Seimon ati ei fod yn pigo darn o fflwff o'i siaced felfed. "Allwch chi ddim cael Ailagoriad Anhygoel os oes *unrhyw* lygod yma."

"Wel, na. Wrth gwrs hynny, Syr." Plethodd Beti ei breichiau'n amddiffynnol dros y cariwr babi. "Ond gallaf eich sicrhau nad oes *unrhyw* lygod mawr yma."

"O, dwi'n siŵr." Camodd Seimon ymlaen. "Ond bydd angen i fi fwrw golwg dros y lle yn gyflym. Hynny yw, archwilio'r safle." Gwenodd arni'n swynol eto a siglo'i aeliau yn chwareus. "Dim ond i wneud yn siŵr."

"Oes rhywbeth yn eich llygad chi, Syr?" Safodd Beti'n gadarn yn y drws. "A dwi ddim yn meddwl bod gennych chi hawl i archwilio am lygod mawr heb ryw fath o warant."

Ochneidiodd Seimon. Roedd hyn yn anoddach nag y dychmygodd. Roedd hi'n bryd iddo ymddwyn mor glên â phosibl er mwyn ceisio swyno Beti.

"O, fy nghariad annwyl." Aeth i lawr ar un ben-glin, estyn am law Beti a'i chodi at ei wefusau. "Fe ddylech chi fynd i'r carchar."

"I'r *carchar*?" Cymerodd Beti gam yn ôl. "Ond dydw i ddim wedi gwneud unrhyw beth!"

"Oherwydd..." Safodd Seimon ar ei draed, dal Beti yn ei freichiau ac edrych i fyw ei llygaid. "Rydych chi wedi dwyn fy nghalon i."

"Nefi wen!" Cochodd Beti wrth i Seimon ddechrau ei harwain o amgylch y stafell mewn

dawns ffocstrot, gan anghofio bod Cyrnol Pom Pom, yn y boced y tu mewn i'w siaced, bellach drwyn-wrth-drwyn â Boris anfodlon iawn yr olwg.

Dawnsiodd y ddau i un cyfeiriad. Yna i'r cyfeiriad arall... Troelli a chwyrlïo o amgylch y ffatri jam, hyd nes eu bod nhw reit y tu allan i'r cwpwrdd Dyfeisiadau o Chwith.

"Oes un ohonoch chi wedi dod o hyd i rywbeth eto?" sibrydodd Sgwter wrth i'r tîm bach sganio'r waliau y tu mewn i'r cwpwrdd yn brysur am unrhyw arwydd o drysor Capten Barti Bechingalw.

"Mae'n rhaid i ni fynd o fan hyn." Edrychodd Cadi'n nerfus ar y drws wrth i Fflwffen ysgwyd y chwistrell Hylif Ailymddangos yn rhwystredig. "Byddai Beti'n gallu dod yn ôl unrhyw eiliad!"

Disgynnodd un diferyn o'r Hylif Ailymddangos ar y llawr.

"Sgwter, edrych!" Pwyntiodd Fflwffen i lawr.

Roedd llythyren 'J' flodeuog wedi ymddangos ar y deilsen o dan ei droed chwith lle disgynnodd y diferyn.

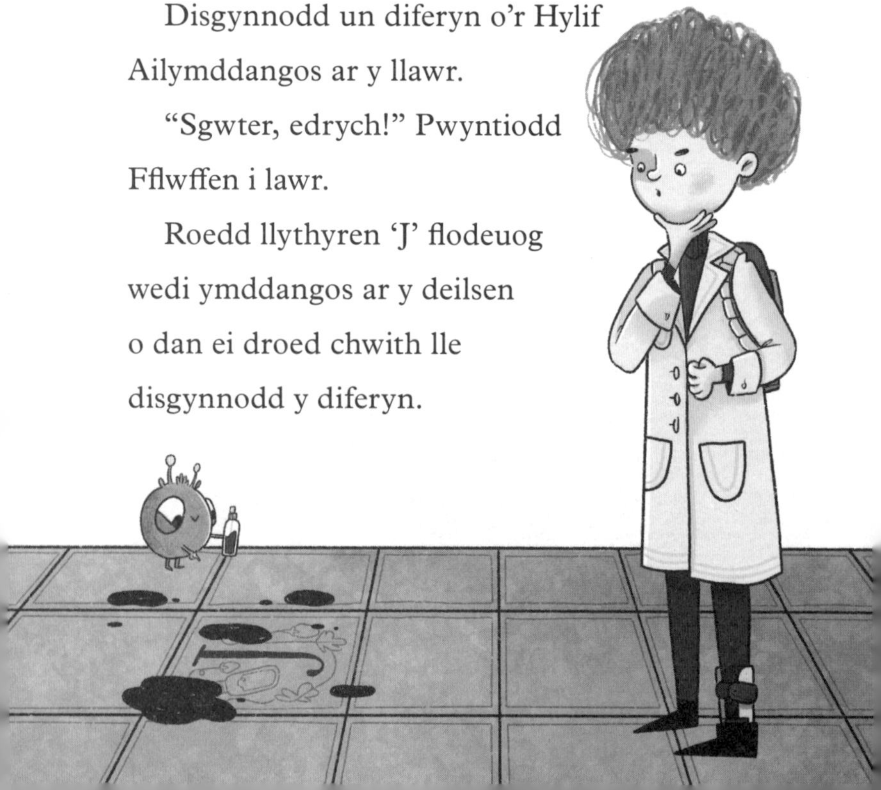

"Y llawr!" ebychodd Sgwter wrth i Cadi afael yn ei fraich yn llawn cyffro. "Feddylion ni ddim am hynny! Mor gyflym ag y galli di, Fflwff! Chwistrella'r holl beth!" Gwyliodd y criw, gan ddal eu hanadl yn nerfus, wrth i Fflwffen chwistrellu'r Hylif Ailymddangos ar hyd y llawr.

Ymddangosodd dwy lythyren arall.

"MAJ?" Rhwbiodd Fflwffen ei gên. "Beth yw'r gair yma?"

"JAM yw e!" Tarodd Sgwter ei dalcen â chledr ei law. "Wrth gwrs! Roedd y map yn dweud mai jam yw'r cyfrinair! Mae'n rhaid i ni ei sillafu, fwy na thebyg. Dewch yn gyflym, beth am i bob un ohonon ni sefyll ar lythyren!"

Camodd Sgwter i sefyll ar y J. Neidiodd Cadi ar yr A. Hedfanodd Fflwffen i lawr tuag at yr M, ar yr union eiliad yr agorodd drws y cwpwrdd led y pen.

Rhewodd pawb wrth weld dyn â mwstás yr ochr draw i'r drws. Roedd pèg ar ei drwyn, a throellodd Beti yn yr unfan cyn cusanu ei llaw.

"Ych a fi." Gwnaeth Cadi sŵn fel pe bai ar fin chwydu.

"Diolch, f'anwylyd. Roedd hynna'n hudol." Edrychodd Seimon a Beti i fyw llygaid ei gilydd mewn ffordd ryfedd, gariadus, cyn iddo ei throelli i mewn i'r cwpwrdd, yn syth ar y llythyren M, a chau'r drws yn glep yn ei hwyneb.

DWWWNDDDDDWWWWWWWRRRRR.

"Ymm. Beth oedd hynna?" Trodd Beti'n araf a syllu ar Sgwter, Fflwffen a Cadi. "Hei! Beth ydych *chi*'n ei wneud yma?"

CLEP.

Disgynnodd giât haearn o'r nenfwd, gan selio'r stafell y tu ôl iddi.

CLEP. CLEP. CLEP.

Disgynnodd tair giât haearn arall bob ochr iddyn nhw fel cawell.

"Gwich?" gofynnodd Boris yn nerfus o'r cariwr babi.

Wwwwwwwwwwwwwsssssshhhhh.

"Aaaaaaaaaaaaaaaaaaaaa!"

Rhuthrodd aer oer a thamp heibio iddyn nhw wrth i'r gawell fechan ddisgyn i lawr, i lawr i bydew du islaw.

PENNOD WYTH

"Dere'n gyflym, Cyrnol Pom Pom," hisiodd Seimon wrth droi'r allwedd yng nghlo'r cwpwrdd Dyfeisiadau o Chwith. "Nawr ei bod hi o'r ffordd, galli di ffroeni am y trysor yna i fi."

Clywodd sgrech wan o'r tu mewn i'r cwpwrdd.

"O, diar." Ochneidiodd. "Mae hi wedi mopio'i phen yn llwyr â fi."

"**Mîp.**" Sbeciodd Cyrnol Pom Pom allan o boced fewnol siaced Seimon a sgrialu i lawr i'r llawr. Llyfodd ei bawennau a mwytho'i wisgers cyn ffroeni'r stafell yn ofalus.

Sîo!

Bolltiodd ei gynffon fflwfflyd fel pe bai wedi cael ei tharo gan drydan.

"Dyna ni, Cyrnol Pom Pom!" Cliciodd Seimon ei sodlau yn hapus. "Rwyt ti wedi dod o hyd i'r arogl!" Rhoddodd Cyrnol Pom Pom ei drwyn at y llawr a dechrau sniffian a snwffian ei ffordd o gwmpas y ffatri. I un cyfeiriad yn gyntaf. Yna'r cyfeiriad arall.

Ffroenodd y Cwpwrdd Dyfeisiadau o Chwith.

Yna ysgwyd ei ben.

Yna, trodd yn ôl tuag at yr hen ffynnon ddymuno yng nghanol y ffatri.

Stopiodd, dringo ar yr ymyl, ffroeni'n hir a phwyntio i mewn i'r ffynnon.

"I lawr fan'na?" Syllodd Seimon i lawr i'r ffynnon.

"**Mîp.**" Nodiodd Cyrnol Pom Pom.

"O'r gorau." Tynnodd Seimon fwced ar raff allan o'r ffynnon. "I ffwrdd â ni."

Stopiodd wrth iddo sylwi ar y jar o Jam Losin Ffrwydrol ar y llawr, cyn codi'r jar a'i rhoi yn ei boced â gwên slei. "Wnaethon ni byth benderfynu sut i achosi llanast yn y lle yma, naddo?"

Teimlodd Sgwter ei stumog yn troi wrth i'r stafell fechan ddisgyn yn is i'r tywyllwch oer.

"Aaaaaaaaaaaaaaaaaaaaaaaaaaa!"

sgrechiodd Beti.

"Gwiiiiiiiiiiiiiiiiiiiich!"

gwichiodd Boris.

"Mae angen i ni arafu ein cwymp!" llefodd Sgwter wrth iddyn nhw blymio i lawr, i lawr, ac i lawr eto.

Stopiodd Beti sgrechian er mwyn cymryd anadl.

"Neu byddwn ni'n cael ein gwasgu fel pryfed," gwaeddodd Fflwffen.

Dechreuodd y sgrechian eto.

"Oes gen ti unrhyw ddyfeisiadau fyddai'n gallu'n helpu ni?" bloeddiodd Cadi. "Plygiau clust, hyd yn oed?" Syllodd ar Beti.

Edrychodd Sgwter o gwmpas y gawell fechan yn wyllt. Sylwodd ar becynnau o Gwm Swigod Jam ar wasgar ar lawr. Arhoswch funud! Goleuodd ei wyneb. Y Gwm Swigod Jam a oedd yn gwneud swigod arnofiol!

Fel pe bai'n gallu darllen ei feddwl, gwibiodd Fflwffen tuag atyn nhw.

"Rhaid i chi gnoi am eich bywydau, bawb!"

Pasiodd Fflwffen y gwm swigod i bawb, a dechreuon nhw gnoi yn wyllt a chwythu un swigen gwm swigod ar ôl y llall. Arnofion nhw i'r awyr wrth i'r lifft barhau i blymio i lawr, gan arafu eu cwymp yn raddol.

CLEWT

Dyma nhw'n glanio. Yna, daeth sŵn *ding* byr a sŵn grwnan wrth i'r giât haearn lithro ar agor o'u blaenau.

"Dwi ddim yn gallu gweld dim!"

"Tynna dy ddwylo oddi arna i!"

"Ble rydyn ni?"

"Gwich."

Blinciodd Sgwter. Roedd hi'n dywyll fel bol buwch i lawr fan hyn. Dechreuodd pelen fach oren ddisgleirio'n ysgafn wrth ei ymyl. Trodd at y golau ac ebychu wrth sylweddoli mai Fflwffen oedd yno. Roedd ei chorff pitw yn pefrio o'r tu mewn, gan oleuo'r stafell yn ysgafn a datgelu cyntedd hir cerrig o'u blaenau.

Roedd gwe pry cop enfawr yn hongian o'r nenfwd ac roedd y llawr wedi ei orchuddio â phentwr o lwch trwchus. Daeth chwa o wynt oer, trymaidd tuag atyn nhw. Roedd yr aer yn arogli fel hen lyfr oedd heb ei agor ers can mlynedd. Ond roedd arogl arall hefyd. Rhywbeth melys a chyfarwydd.

"A-ha! *Dyma* oedd gen i mewn golwg!" gwenodd Cadi.

"Mae'n rhaid ein bod ni filltiroedd o dan y ffatri." Edrychodd Sgwter i fyny ar y siafft hir, dywyll uwch eu pennau.

"Ble rydych chi wedi dod â fi?" Sbeciodd Beti allan ar y cyntedd. "*Ewch â fi yn ôl*!" Stampiodd ei throed. "Allwch chi ddim jest dod i mewn i fy ffatri a fy herwgipio i! Dyna'n union y math o dric dan din, gwael y byddwn i'n ei ddisgwyl... wel, gen i," gorffennodd.

"Gwich." Cytunodd Boris.

"Dwi'n mynnu eich bod chi'n fy nychwelyd i fy ffatri yr eiliad hon!" Tynnodd Beti rolyn Papur Tŷ Bach Jam oddi ar ei phen, edrych arno'n gyfrwys, yna'i stwffio i'r cariwr babi gyda Boris.

"Credwch chi fi. Dydyn ni ddim eisiau i chi fod yma. A dydyn ni'n bendant ddim yn eich *herwgipio* chi." Roliodd Sgwter ei lygaid. "Gallwch chi fynd yn ôl i fyny yn y lifft yna reit— O na." Edrychodd ar y lifft jest mewn pryd i'w weld yn hofran o'u cyrraedd ac yn ôl i fyny i'r wyneb hebddyn nhw.

"Sgwter." Tynnodd Fflwffen ef i un ochr, gan edrych yn slei ar Beti a Boris. "Dydy hyn ddim yn rhan o'r cynllun."

"Dwi'n gwbod," mwmialodd Sgwter wrth i Cadi glosio atyn nhw hefyd. "Mae Beti wastad yn difetha popeth."

"Wel, mae'n rhaid i ni gael gwared ohoni cyn i ni fynd i chwilio am drysor!" Cododd Cadi ei haeliau.

"Am beth rydych chi'n siarad draw fan'na? Soniodd rhywun am *drysor*?" Aeth llygaid Beti'n gul, yna goleuodd ei hwyneb wrth iddi ddeall yn sydyn. "Brensiach annwyl, mae'n rhaid mai hwn yw'r fynedfa i selerau trysor Hen Dad-cu Barti

Bechingalw!" Dechreuodd hopian o un droed i'r llall wedi cynhyrfu yn lân. "Does neb wedi dod o hyd iddo o'r blaen. Do'n i ddim hyd yn oed yn credu ei fod e'n bodoli go iawn! Ond... wel, dwi wedi dod o hyd iddo nawr, on'd do! O, Boris, rydyn ni'n mynd i fod yn filiwnêrs!" gwichiodd. "Miliwnêrs o berchenogion y ffatri jam fwyaf bendigedig yn y byd! Mae fy holl freuddwydion yn dod yn wir ar yr un pryd!"

"Arhoswch funud fach!" Camodd Sgwter yn ei flaen. "Ddaethoch chi ddim o hyd i unrhyw beth! Ni yw'r rhai ddaeth o hyd i'r fynedfa. A ni yw'r rhai sydd â'r map i'r trysor."

"Beth yw'r ots bod gennych chi'r map? Y gwir amdani yw mai fy nhrysor i yw e." Edrychodd Beti ar y map yn gyflym. "Mae e yn fy enw i, yn tydy? Capten Barti *Bechingalw*." Roliodd ei llygaid.

"A dweud y gwir, mae e'n eiddo i bwy bynnag ddaw o hyd iddo yn gyntaf." Daliodd Sgwter y map i fyny wrth i Fflwffen bwyntio at y gerdd. "Mae'n dweud hynny fan hyn:

Mae fy nhrysor wedi'i gladdu mewn man cuddiedig,
Os dewch o hyd iddo, cewch ei gadw - bendigedig!

Gan mai gennyn ni mae'r map, mae'n siŵr mai ni ddaw o hyd i'r trysor gyntaf."

"Sgwter," sibrydodd Fflwffen. "Mae Fflwffen yn meddwl falle y gallwn ni daro bargen." Trodd tuag at Beti. "Os helpwn ni chi i ddod o hyd i'r trysor, wnewch chi roi'r ffatri yn ôl i Sgwter?"

Atebodd Beti ddim yn syth. Roedd hi fel pe bai'n ystyried y peth yn ofalus.

"Gwich." Prociodd Boris hi â nod fechan.

"O'r gorau." Ochneidiodd Beti yn ddramatig. "Ond os na fyddwch chi wedi dod o hyd iddo cyn yr Ailagoriad Anhygoel heno, yna gallwch chi anghofio'r ddêl a bydd pawb yn dathlu agoriad Jam Bechingalw."

"Dêl." Edrychodd Sgwter ar ei oriawr. "Mae hynny'n golygu bod gennyn ni gytundeb tan chwech o'r gloch heno. Mae hynny'n rhoi pedair awr i ni, felly gwell i ni fwrw ati'n syth." Tynnodd ei fag cefn, ei osod ar lawr, gwasgu botwm mawr oren ar ei flaen a chamu yn ôl.

Dechreuodd y bag cefn grynu a gwegian, plygu a throi, hyd nes iddo newid yn *feic cwad* oren, gloyw, â'r gair CRAD yn ei addurno ar stribed o dân wedi ei beintio.

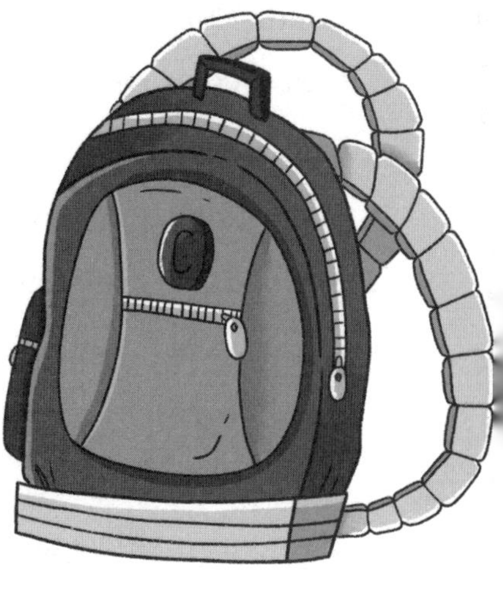

"Waw!" gwenodd Cadi. "Mae hwnna'n anhygoel!"

"Mae'n rhaid i fi gyfaddef, rwyt ti'n archelyn gwerth dy halen, Sgwter Cadwaladr." Roedd Beti'n edrych yn llawn edmygedd wrth iddi syllu i lawr ar y panel rheoli.

"Dyma'r Cerbyd Robotig Aerodynamig Dyfeisgar." Eisteddodd Sgwter ar gefn y beic cwad. "Neu CRAD, fel dwi'n hoffi ei alw." Gwenodd wrth i law fechan ymestyn o gefn y beic, gosod helmed ar ei ben, strapio gwregys amdano a chodi bawd arno'n gyfeillgar. "Diolch, Robot-Law Tri." Gwenodd Sgwter wrth i'r llaw blygu yn ôl i mewn i'r beic ac wrth i Fflwffen lanio yn yr hyn a oedd yn edrych fel daliwr cwpan. Ond mewn gwirionedd, roedd hi wedi glanio ar ddaliwr tarten jam.

“Haia, CRAD.” Gwenodd Cadi’n gynnes wrth ddringo i eistedd ar y beic cwad.

“A dweud y gwir, dwi’n meddwl mai fi ddylai fynd ar ei gefn e.” Safodd Beti yn eu ffordd â’i dwylo ar ei chluniau. “Wedi’r cyfan, dwi’n 78 felly *fi* yw’r hynaf ac mae hynny’n golygu mai *fi* sy’n cael mynd ar y beic cwad. Dyna sut mae’r pethau yma’n gweithio. Fi sy’n cael dewis pwy sy’n cael dod gyda fi hefyd. A dwi’n dewis Boris.”

"78?" Nodiodd Fflwffen yn feddylgar. "Mae Fflwffen yn credu nad Beti yw'r hynaf yma. Ar blaned Fflwffen, rydyn ni'n heneiddio'n llawer arafach na bodau dynol. Mewn blynyddoedd dynol, mae Fflwffen yn 83." Winciodd yn gyfrwys ar Sgwter. "Ac mae Fflwffen yn dewis reidio gyda Sgwter a Cadi."

"*Beth*?" poerodd Beti.

"Awn ni, felly?" Gwenodd Sgwter yn hunanfodlon wrth bwyso'r botwm *Pŵer Hofran*.

Cododd olwynion CRAD fymryn oddi ar y ddaear gan ysgwyd yn ysgafn, cyn troelli a hofran uwch ben y llawr.

"Na." Tarodd Beti ei throed ar lawr. "Twyllo yw hynna, dydy hynna ddim yn..."

CLEWT.

"Ymm." Cododd ei throed. "Dwi'n meddwl falle i fi sefyll ar ryw fath o fotwm."

GGGGGRRRRRŴŴŴŴNNNNN.

Llenwodd y cyntedd â sŵn grwnan bygythiol.

"Beth oedd hwnna?" Syllodd Sgwter i lawr ar y llawr, a oedd wedi dechrau gwichian a griddfan, fel pe bai anghenfil mecanyddol anferthol yn deffro'n araf oddi tanyn nhw. Crynodd a bownsiodd, cyn dechrau symud fel cludfelt, gan gario Beti anfodlon iawn yr olwg gydag ef.

"Trapiau ffŵl, ddywedwn i." Cododd Cadi ei haeliau gan nodio'n hollwybodus. "Mae'n siŵr bod rhywbeth annymunol iawn i fyny fan'na."

"Beth wyt ti'n ei feddwl, rhywbeth annymunol?" Syllodd Beti o'i blaen yn nerfus wrth i'r cludfelt ddechrau cyflymu a'i chario ymhellach i mewn i'r twnnel. Dilynodd Sgwter hi yn ofalus ar gefn CRAD. "Dwi ddim yn gallu gweld *dim*. Wel, dim heblaw am gwpwl o gerfluniau o – oooooo! Cerfluniau o foch cwta ydyn nhw, ac maen nhw mor ciw— AAAAAAAAAAAAAAAAAA!" Trodd Beti ar ei sawdl a dechrau ei heglu hi yn ôl tuag atyn nhw. "Cerfluniau o foch cwta *môr-ladron* ydyn nhw ac maen nhw'n ceisio fy lladd i!"

"**Gwiiiiiiiiiiiiiiich!**" Nodiodd Boris yn llawn ofn o'i guddfan yn y cariwr babi.

"Cerfluniau o foch cwta môr-ladron?" Syllodd Sgwter yn ei flaen yn amheus. Roedd e'n gallu gweld y cerfluniau o'i flaen ar ddwy ochr y twnnel. Roedden nhw'n sefyll ar eu coesau ôl, eu pawennau allan o'u blaenau fel cŵn bach yn erfyn am sylw. Ond roedd eu pawennau moch cwta pitw yn cydio mewn cleddyfau *enfawr*.

Cleddyfau enfawr oedd bellach yn chwifio i fyny ac i lawr, gan hollti unrhyw beth yn eu ffordd.

"Help!" llefodd Beti, ei choesau bach yn ceisio cyflymu wrth i'r cludfelt symud yn gynt ac yn gynt.

Wwwwsssshhhh. Clewt. Wwwwsssshhhh. Clewt. Wwwwsssshhhh. Clewt.

Disgynnodd Beti ymlaen, gan sgrialu'n gyflym ar ei phengliniau. "Achuba dy hun, Boris!" Agorodd y cariwr babi. "Galli di redeg yn gynt na nhw. Mae hi ar ben arna i!" Edrychodd Boris ar y cleddyfau marwol o'i flaen cyn gwibio draw at ddiogelwch CRAD.

"Hei!" Anghofiodd Beti am yr hyn oedd o'i blaen am eiliad. "Wyt ti wir yn mynd i fy ngadael i?"

Edrychodd Sgwter i fyw llygaid Fflwffen wrth iddi hedfan allan o'r daliwr tarten jam. Nodiodd hithau arno'n gadarn cyn gwibio tuag at Beti.

"Sut ydyn ni am fynd heibio i'r cerfluniau yna, Sgwter?" gofynnodd Cadi o'r tu ôl iddo, ei llais yn llawn cyffro.

Gwyliodd Sgwter symudiadau hollti a thorri'r cleddyfau wrth i Fflwffen blymio'n ddewr tuag at Beti. Roedd saib fer rhwng symudiadau'r cleddyf. Dim ond am ryw eiliad neu ddwy, ond, pe bydden nhw'n ddigon cyflym, gallen nhw lwyddo i fynd trwodd. Byddai'n rhaid iddo amseru'r cyfan yn berffaith.

O'u blaenau, gwyliodd Beti wrth i'r cerfluniau symud yn agosach fyth, gan wasgu cefn ei llaw at ei thalcen yn ddramatig. "Hwyl fawr, fyd creulon," sibrydodd wrth gau ei llygaid ac aros am...

"Waaaaa! Beth wyt ti'n ei wneud?" Trodd Beti wrth i Fflwffen lanio ar ei phen-ôl oedd yn sticio allan i'r awyr a gafael yn ei thrywsus tracwisg brown, cyn ei gwthio'n sigledig tuag at CRAD. Cydiodd Beti yn Boris, oedd â'i wynt yn ei ddwrn, wrth i Fflwffen eu gollwng ar gorn y beic cwad ar yr union eiliad y cododd y cleddyfau yn ôl i fyny.

"Daliwch yn dynn, bawb!" llefodd Sgwter wrth iddo wasgu'r botwm *Cyflymder Cythreulig*.

Teimlodd Sgwter ei anadl yn cael ei wasgu allan ohono wrth i CRAD saethu yn ei flaen fel bwled.

Cafodd Beti a Boris eu taflu'n bendramwnwgl ar lin Sgwter wrth i Fflwffen ddal ei gafael â'i holl nerth i'r daliwr tarten jam. Roedd Cadi'n bloeddio ac yn gweiddi nerth ei phen, fel pe bai hi ar reid roler-coster orau ei bywyd wrth i'r beic cwad bach garlamu yn ei flaen. Heibio i'r cerfluniau marwol ac ymlaen trwy'r coridorau tywyll, llychlyd mewn niwl o gyflymder wrth i'r aer droi'n oerach bob eiliad.

Pwysodd Sgwter y botwm *STOP* a gollwng ochenaid o ryddhad wrth i CRAD arafu a dod i stop yn raddol. Ar hynny, agorodd y cyntedd yn ogof gron ag iddi nenfwd uchel.

Am eiliad, wnaeth y grŵp bach ddim byd ond anadlu.

"Roedd hynna'n anhygoel!" Neidiodd Cadi i lawr o gefn CRAD. Oedodd am eiliad wrth iddi edrych o gwmpas yr ogof, gan grychu ei thrwyn yn ddryslyd wrth weld clwstwr arall o gerfluniau ar hyd y waliau.

"Pam yr holl gerfluniau yma o foch cwta? Ydych chi'n meddwl bod y rhain yn mynd i drio ein torri ni'n ddarnau mân hefyd?"

"Dwi'n fyw!" Roliodd Beti'n lletchwith oddi ar y beic cwad a gorwedd ar ei chefn. Anadlodd yn drwm a syllu i fyny ar Sgwter, yna draw at Fflwffen, a oedd bellach yn hofran i fyny o'r daliwr tarten jam. "Fe wnest ti fy achub i."

Gwenodd yn ddiolchgar ar Fflwffen, cyn troi at Boris a'i hwyneb yn caledu. "Ac fe wnest ti fy ngadael i."

"**Gwich**," atebodd Boris yn llawn cywilydd.

"Mae'n iawn." Meddalodd wyneb Beti. "Rwyt ti'n gwbod na fedra i aros yn flin gyda ti." Sylwodd ar y cerfluniau oedd bob ochr iddyn nhw. "Aaaa!" Neidiodd i fyny â'i breichiau o'i blaen, ond ymlaciodd wrth sylwi nad oedd yr un ohonyn nhw yn cydio mewn cleddyf. Mewn gwirionedd, roedd pob un yn sefyll ag osgo brenhinol, a'u henwau wedi eu hysgrifennu oddi tanyn nhw. "O edrych, Boris! Dyma dy gyndeidiau."

"Ond pam bod cerfluniau o gyndeidiau Boris

i lawr fan hyn?" gwgodd Cadi. "Jam a moch cwta? Dyma'r môr-leidr rhyfeddaf *erioed*!"

"O, paid ti â bychanu Hen Dad-cu Barti Bechingalw. Fe oedd y môr-leidr mwyaf dychrynllyd erioed!" Dechreuodd Beti astudio'r cerfluniau o foch cwta. "Mae pob aelod o'r teulu Bechingalw wedi cael mochyn cwta yn ffrind, wyddoch chi." Plygodd i lawr a chosi clust Boris. "Enw mochyn cwta Hen Dad-Cu Barti Bechingalw oedd Doris Farwol. Roedd ganddo gymaint o feddwl ohoni fel y gwnaeth gerflun ohoni o aur pur. Mae'n rhaid bod y cerflun i lawr fan hyn yn rhywle. Mochyn cwta yw ffrind gorau pob Bechingalw."

Gwyliodd Beti wrth i Boris ollwng pelen fach o faw ar lawr wrth ei hymyl ac ochneidio'n hiraethus. "Ac o ran y jam, wel, roedd e wrth ei fodd â hwnnw. Fe ddechreuodd y cyfan fel ffordd o atal y sgyrfi, ond fe ddaeth i olygu llawer mwy na hynny."

"Sgwter." Hedfanodd Fflwffen wrth ei ysgwydd.

“Edrych!” Pwyntiodd at dri chyntedd enfawr o garreg yn llawn gwe pry cop ar ochr arall yr ogof. Roedd gair gwahanol wedi ei naddu i’r cerrig wrth fynedfa pob cyntedd.

"Mae'n rhaid bod gan hyn rywbeth i'w wneud â'r gerdd yna ar y map." Llithrodd Sgwter i lawr oddi ar CRAD a dechrau rhannu lanternau jam oedd yn goleuo yn y tywyllwch i weddill y criw. "Ydych chi'n cofio beth roedd e'n ei ddweud?

Y rhai sy'n gwybod sut i wneud jam go iawn
All oroesi yn unig, a chael y trysor yn llawn.

Mae'n rhaid bod hwnna'n gliw." Edrychodd eto ar y geiriau oedd wedi eu naddu i'r cerrig. Y cam cyntaf wrth wneud jam oedd torri'r ffrwythau, felly efallai y dylen nhw fynd trwy'r fynedfa TORRI.

Ond... Edrychodd y tu ôl iddo. Roedden nhw wedi cael eu torri yn barod, on'd oedden nhw? Cam nesaf y broses oedd ychwanegu siwgr. Ond doedd hi ddim yn ymddangos fel pe bai yna ddrws â'r gair SIWGR uwch ei ben.

"Dwi ddim yn meddwl y dylen ni fynd trwy yr un o'r drysau yna." Camodd Sgwter yn ôl yn ofalus. "Mae'n rhaid bod mynedfa arall."

Dechreuodd Sgwter, Fflwffen a Cadi archwilio'r stafell wrth i Beti a Boris barhau i graffu ar y cerfluniau.

"Wel, fe wnaeth Hen Dad-cu Barti Bechingalw gamgymeriad fan hyn!" Pwyntiodd Beti at un o'r cerfluniau. "Fuodd gan Boris erioed berthynas o'r enw S. IWGR! Dydy e ddim hyn yn oed yn cynnwys yr odl *-oris* arferol! Ac mae'r glust yn gam hefyd!" Ceisiodd sythu'r glust

GGGGGRRRRRŴŴŴŴŴNNNNN.

"Wps." Camodd Beti yn ôl yn nerfus. "Dwi'n amau falle fy mod i wedi gwneud rhywbeth eto."

"AAAA!" Sgrechiodd Cadi wrth i'r llawr agor oddi tani a disgynnodd o'r golwg.

"Cadi!" llefodd Sgwter. "Wyt ti'n iawn?" Sbeciodd dros yr ymyl. Roedd hi'n dywyll, heblaw am olau gwyrdd ysgafn lantern jam goleuo-yn-y-tywyllwch Cadi.

"Dwi'n ocê!" galwodd Cadi i fyny. "Dwi mewn..." Oedodd am eiliad. "Dwi ddim yn siŵr. Dwi'n meddwl fy mod i mewn rhyw fath o dwnnel? Mae yna dwll oddi tana i. Ond mae e wedi ei flocio, diolch byth. A..." Oedodd eto. "Wel, mae yna dywod ym mhobman. Mae'n siŵr mai dyna sy'n ei flocio."

"Tywod?" Galwodd Sgwter i lawr. "Tybed fedri di, ym, fwyta rhywfaint ohono?"

"Rwyt ti eisiau i fi fwyta tywod?" holodd Cadi yn amheus.

"Wel, ydw, os nad oes ots gen ti?" atebodd Sgwter.

Roedd saib fer, ac yna...

"Sgwter, nid tywod yw e, ond siwgr!"

"Ie!" Pwniodd Sgwter yr aer. "Ro'n i'n gwbod mai siwgr oedd nesaf. Mae'n rhaid mai dyna'r ffordd y dylen ni fynd!"

Trodd at Fflwffen. "Wnei di gymryd cipolwg bach ar fy rhan i, Fflwff, i weld pam na lwyddodd Cadi i fynd trwodd?"

Gwyliodd Sgwter wrth i oleuni oren Fflwffen hedfan i lawr dros y silff yn y graig, llithro tuag at wyrddni lantern Cadi a thywyllu am eiliad, cyn ymddangos eto rai eiliadau wedyn.

"Sgwter!" Gwenodd Fflwffen wrth iddi ddychwelyd. "Twnnel yw e! Aeth Fflwffen i mewn iddo. Mae e'n arwain at afon a chwch bach. Ond..." Oedodd. "Mae e wedi ei flocio â hen siwgr. Dydy'r twll ond yn ddigon mawr i Fflwffen hedfan drwyddo." Syllodd ar Boris. "A falle Boris hefyd."

"Gwich." Ysgydwodd Boris ei ben, troi ei ben-ôl tuag atyn nhw a gollwng pelen fach arall o faw ar lawr.

"Dwi ddim yn meddwl bod Boris eisiau mynd i lawr fan'na." Plethodd Beti ei breichiau a chodi ei haeliau.

"A beth bynnag, hyd yn oed pe byddai'n llwyddo i fynd trwy'r

twnnel, sut ydych chi'n mynd i gael y gweddill ohonon ni allan? Oni bai bod dy feic cwad ffansi di'n gallu gwthio drwodd?"

"Fel mae'n digwydd..." Glaniodd Fflwffen ar gefn CRAD, estyn i lawr i'r daliwr tarten jam a thynnu'i chês bach yn llawn dyfeisiadau allan ohono. "Mae gan Fflwffen rywbeth fyddai'n gallu ein helpu ni." Agorodd y cês a thynnu jar o jam allan ohono.

"Fflwffen!" ebychodd Sgwter. "Wnest ti ddod â dy ddyfeisiadau?"

"Do, Sgwter." Nodiodd Fflwffen yn swil. "Gan fod yr Hylif Ailymddangos wedi bod yn ddefnyddiol, meddyliodd Fflwffen falle y byddai ei dyfeisiadau eraill yn ddefnyddiol hefyd. Felly, fe ddaeth Fflwffen â nhw gyda hi. Rhag ofn y byddai'n argyfwng arnon ni."

Sbeciodd Sgwter dros y silff yn y graig, ac yna yn ôl at y jar yn llaw Fflwffen. Oedd bwyta Jam Mefus Crebachlyd wir yn syniad da? Nid hwn fyddai'r tro cyntaf iddo ei drio. Ond roedd hi wedi cymryd cryn dipyn o amser iddo ddychwelyd i'w faint llawn y tro diwethaf. Mewn gwirionedd, dyna'r rheswm pam i'w rieni wahardd holl ddyfeisiadau Fflwffen yn y lle cyntaf.

"Mae Fflwffen wedi addasu'r rysáit ers y tro diwethaf i ti ei ddefnyddio." Roedd Fflwffen fel pe bai wedi darllen ei feddwl. "Un llond llwy de a fyddi di ond yn aros yn fach am bum munud."

"Fe wnest ti addasu'r rysáit?" Doedd Sgwter ddim yn gallu peidio â gofyn.

"Do, Sgwter." Edrychodd Fflwffen i lawr ar ei thraed bach. "Roedd Fflwffen eisiau gwneud yn siŵr bod ei dyfais yn hollol iawn." Oedodd, yna rhoddodd wên fach drist. "Hyd yn oed pe na byddai'n cael ei defnyddio byth."

"Mae'n flin gen i, Fflwff." Estynnodd Sgwter ei law allan wrth iddi drotian heibio i'w fysedd ar gledr ei law.

Yn sydyn, doedd hi ddim yn ymddangos yn deg iawn nad oedd Fflwffen yn cael defnyddio'i dyfeisiadau. Doedd Sgwter ddim yn siŵr sut y byddai e'n teimlo pe byddai ei rieni wedi ei wahardd e rhag gwneud yr un peth. Fyddai yna ddim ffatri jam, i ddechrau. Ond byddai hynny'n ei wneud e'n anhapus, hefyd, a doedd Sgwter ddim yn gallu dioddef meddwl am Fflwffen yn anhapus. Y cyfan wnaeth hi erioed oedd ceisio'i helpu. "Dylwn i fod wedi achub dy gam di pan ddywedodd Mam a Dad eu bod nhw'n gwahardd dy ddyfeisiadau di."

"Mae'n iawn, Sgwter." Rhoddodd Fflwffen gwtsh i fawd Sgwter. "Nid dyma'r tro cyntaf i Fflwffen gael ei gwahardd rhag defnyddio dyfeisiadau." Chwarddodd mewn cywilydd.

"Felly, beth arall sydd gen ti?" Doedd Sgwter ddim yn gallu peidio â gofyn, wrth i Fflwffen agor y cês i ddatgelu ei dyfeisiadau. Ynddo roedd ei holl boteli a thiwbiau profi, a'r potyn bach o Felysion Cyfeillgarwch, hyd yn oed.

"NA, BORIS!" llefodd Fflwffen wrth i Boris neidio ar y potyn ac arllwys yr holl gynnwys i'w geg o fewn eiliadau. "Melysion Cyfeillgarwch Fflwffen yw'r rhain!"

"Beth rwyt ti wedi ei wneud i fy Boris bach i?" Cododd Beti'r mochyn cwta bach a'i dynnu i'w dwylo yn warchodol.

“Fe fydd e’n iawn,” esboniodd Fflwffen. “Mae’r Melysion Cyfeillgarwch yn gwneud cyfeillgarwch yn gryfach, dyna i gyd. Cyn belled â bod Boris yn eich hoffi chi ryw fymryn yn barod...”

Trodd pawb at Boris wrth iddo edrych i fyny ar bob un ohonyn nhw â gwên chwil ar ei wyneb.

Yn gyntaf, edrychodd ar Sgwter.

Blinciodd ac ysgwyd ei ben.

Trodd at Fflwffen.

Yna ysgydwodd ei ben eto.

Edrychodd i lawr y twll ar Cadi, codi ei ysgwyddau a throi at Beti. Cyfarfu llygaid y ddau o’r diwedd.

“Ie, Boris, fi sydd yma.” Siaradodd Beti’n ysgafn. “Dy ffrind gor—”

“Gwich.” Syllodd Boris arni a gollyngodd belen fach o faw siâp calon.

“O, Boris.” Rhoddodd Beti gwtsh tynn iddo. “Dwyt ti

erioed wedi dangos dy fod ti'n poeni amdana i o'r blaen."

"Mae'n ymddangos mai'r unig ffordd y gallwn ni ddod o hyd i drysor Barti Bechingalw yw os bwytwn ni rywfaint o Jam Mefus Crebachlyd Fflwffen a llwyddo i fynd trwy'r twnnel yna sydd wedi ei flocio." Dychwelodd Sgwter at y mater dan sylw. "Wel, ni fodau dynol, beth bynnag. Gall Fflwffen a Boris fynd trwodd heb drafferth."

"Mae hynny'n swnio'n iawn i fi!" Daeth llais Cadi o islaw.

Gwyliodd Sgwter wrth i Fflwffen hedfan i lawr tuag at Cadi gan gydio mewn llwyaid o Jam Mefus Crebachlyd, yna pwyso'r botwm *Distaw*

Bach ar CRAD. Plygodd a throdd y beic cwad yn fag cefn bach unwaith eto. Cododd Sgwter y bag a'i roi ar ei ysgwydd.

"Heblaw, dwi DDIM yn bwyta hwnna," cyhoeddodd Beti wrth i Fflwffen ddychwelyd â llwy wag. "A does dim y gallwch chi ei wneud i fy mherswa—"

SWWwWWWWsssSSSSHHHH.

"Aaaa!"

Dowciodd pawb jest mewn pryd wrth i gawod o saethau hyrddio o'r cerfluniau o foch cwta tuag atyn nhw.

"O ddifri?" ochneidiodd Beti. "O'r gorau." Cymerodd lond llwyaid o'r jam gan Fflwffen. "Dewch i ni fynd o fan hyn, er mwyn popeth!"

PENNOD DEG

“Hwrêêêêêêêêêêêêê!” llefodd Sgwter wrth ei fodd, wrth iddo yntau a Fflwffen wibio i lawr trwy dwnnel o siwgr crisialog ar darten jam Fflwffen.

SWWWWWWWSSSSSSHHHHH.

Hedfanodd y ddau i mewn i groto mawr o gerrig llyfn â phentwr enfawr o siwgr meddal oddi tanyn nhw.

“Î-ha!” Chwarddodd Beti o’i heisteddle ar gefn Boris wrth iddyn nhw wibio allan o’r twnnel, gan lanio â chlewt ysgafn ar y pentwr o siwgr.

“We-heeeeeeeeeeeeeeeeeei!” Gwenodd Cadi wrth iddi lanio ag ergyd ddistaw yn eu hymyl.

"Roedd hynna'n anhygoel, Fflwffen!" Gwenodd Sgwter wrth i Fflwffen lanio'r darten jam dafliad carrcg oddi wrthyn nhw. Camodd Sgwter allan ar yr union eiliad y dechreuodd gosi drosto a–

Pop.

Roedd wedi dychwelyd i'w faint arferol.

Trodd tuag at Cadi a Beti wrth iddyn nhw newid yn ôl i'w gwir faint hefyd.

"Diolch, Boris." Cododd Beti Boris a'i osod yn ôl yn y cariwr babi yn ofalus.

"Gwich." Swatiodd Boris yn ei herbyn yn llawn edmygedd.

"Fflwff, mae hynna mor glyfar!" Edrychodd Sgwter ar ei oriawr a rhoi pawen lawen iddi. "Pum munud union!"

"Diolch, Sgwter." Cochodd wyneb Fflwffen.

Brwsiodd y grŵp bach y siwgr oddi ar eu dillad wrth syllu o amgylch y groto. Roedd pibonwy o siwgr yn hongian o'r nenfwd uwch eu pennau, fel crisialau prydferth. Roedd twnnel bychan yn nodi'r ffordd ymlaen a sŵn dŵr yn llifo'n ysgafn yn dod o'r tu mewn i'r twnnel.

"Y cam nesaf wrth wneud jam yw ychwanegu dŵr." Gosododd Sgwter ei fag cefn ar y llawr unwaith eto. "Felly, dwi'n reit siŵr y dylen ni anelu i lawr fan'na." Pwysodd y botwm mawr oren ar flaen y bag a chamu yn ôl.

Shhhhhh tacca taccca chwyyyrrrrllliiiooo SSSHHHPLOP

Dechreuodd y bag cefn bach grynu ac ysgwyd ac yna... distawodd.

Pwysodd Sgwter y botwm eto.

Chwyyyyyyrrrrrlllliiiio.

CRENSSSIAAAAANNN.

Gwasgarodd pentwr o siwgr ar hyd y llawr o'r tu mewn i'r bag cefn.

"O, na!" Gwgodd Sgwter wrth i Robot-Law Tri wichian allan o'r bag cefn gan gydio mewn pentwr bach o siwgr yng nghledr ei law. Taflodd y siwgr ar hyd y llawr, yna gwnaeth arwydd bawd i lawr stiff ar Sgwter. "Mae'n rhaid bod y mecanweithiau wedi eu llenwi â siwgr."

“Hei, Sgwter, mae’n iawn!” galwodd Cadi o’r tu blaen iddyn nhw. “Fydd dim angen CRAD arnat ti yr eiliad hon, beth bynnag. Gallwn ni ddefnyddio’r cwch yma.”

Cododd Sgwter CRAD, taflu’r bag cefn ar ei ysgwydd ac ymuno â Cadi. Roedd hi’n sefyll ar ymyl nant fach o dan y ddaear. Roedd dŵr yn llifo yn ysgafn ar y llwybr a chwch pren wedi ei glymu wrth hen gylch haearn. Dilynodd Sgwter y nant â’i lygaid wrth iddi lifo i’r cyntedd tywyll o’u blaenau.

“Dewch yn eich blaenau, ’te.” Cymerodd anadl ddofn a chamu’n ofalus i’r cwch wrth i Cadi ei ddal yn llonydd. “Gadewch i ni weld beth sydd gan Hen Dad-cu Barti Bechingalw ar ein cyfer ni nesaf.”

Yn ôl yn y ffatri, cliciodd Seimon ei fysedd ar ymyl y ffynnon ddymuno wrth i Cyrnol Pom Pom symud ei ben i fyny ac i lawr i amseriad y curiad.

"Ac a un, ac a dau, ac a un, dau, tri."

Llamodd Seimon ar draws, codi ei goesau i fyny i wneud y sblits yn yr awyr, yna glanio'n berffaith, wysg ei ben-ôl, ym mwced tun pitw yr hen ffynnon ddymuno, a'i freichiau a'i goesau heglog yn hongian dros yr ochrau. Gwnaeth Cyrnol Pom Pom naid seren falch i freichiau Seimon.

"Roedd hynna'n berffaith!" llefodd Seimon. "Fe ddylen ni ddefnyddio hwnna ym *Mhencampwriaeth Dawnsio Perchennog a'i Anifail Anwes*. Beth am ei alw yn... *Y Glaniad Pen-ôl Mewn Bwced*. Bydd y beirniaid wrth eu bodd!"

Edrychodd i lawr yn nerfus ar y twll du oddi tanyn nhw. "Wyt ti'n siŵr bod y trysor i lawr fan'na, Cyrnol Pom Pom?"

“**Mîp.**” Pwyntiodd Cyrnol Pom Pom i lawr gan grychu ei drwyn a nodio’n bendant.

“Tybed a fydd unrhyw drapiau ffŵl yno?” ystyriodd Seimon yn uchel wrth ddechrau eu winsio nhw i lawr i siafft dywyll y ffynnon.

“**Mîp.**” Ystwythodd Cyrnol Pom Pom ei gyhyrau.

“Rwyt ti yn llygad dy le, Cyrnol Pom Pom.” Gwenodd Seimon yn gyfrwys. “Fyddai yr un trap ffŵl yn ein twyllo ni!”

Wrth iddyn nhw ostwng yn is ac yn is, doedd Seimon ddim yn gallu peidio â sylwi bod y waliau yn drwch o ryw fath o gytew sticlyd. Estynnodd ei fys i gyffwrdd ynddo ac arogli’n nerfus.

"Ych a fi! Cyrnol Pom Pom! *Jam* yw e!" Sythodd y pèg ar flaen ei drwyn wrth edrych o'i amgylch yn wyllt. "Mae e o'n cwmpas ni ym mhob man!"

"**Mîîwwwwp.**" Ochneidiodd Cyrnol Pom Pom wedi ei ffieiddio.

"Rhaid i ni fynd i lawr yno'n gyflym!" meddai Seimon. "Cyn i fi chwydu." Aeth yn ei flaen â'r winsio gwyllt.

Drip.

Disgynnodd diferyn pitw o jam ar ymyl ei fwstás.

"AAAAAAAAAAAAAAAA!" sgrechiodd Seimon mewn ofn, gan chwysu chwartiau.

"Cyrnol Pom Pom! *Sycha fe oddi arna i! Nawr!*"

Agorodd Cyrnol Pom Pom y bag am ei ganol, tynnu siswrn ohono a thorri un ochr mwstás

Seimon i ffwrdd, cyn ei daflu dros ymyl y bwced fel pe bai'n fom oedd ar fin ffrwydro.

Gwyliodd Seimon yn llawn syndod wrth iddo ddisgyn oddi tanyn nhw.

"Fy mwstás prydferth!" Cydiodd yn yr hyn oedd yn weddill o'r mwstás, gan geisio troi'r cudyn pitw, ac anghofio'n llwyr wrth wneud hynny ei fod yn gollwng ei afael yn y rhaff oedd yn dal y bwced. Oedodd, gan edrych i fyw llygaid Cyrnol Pom Pom. Trodd y ddau at y rhaff.

Wwwwwsssssshhhhhhhhhhh.

"AAAAAAAAAAAAAAAAAAAAAAAAAAAAAAAAAAAA."

"MÎÎÎÎÎÎÎÎÎÎÎÎÎÎÎÎÎÎÎÎÎÎÎÎÎÎÎÎÎÎÎP."

Cwympodd y ddau

i lawr,

i lawr,

i lawr

i'r

twll

du

islaw.

“Felly pam yr holl gyfeiriadau at jam?” gofynnodd Cadi i Beti wrth i’r cwch droelli’n araf ar hyd yr afon danddaearol. “Pam oedd jam mor bwysig i Gapten Barti Bechingalw?”

“Ie!” nodiodd Sgwter. “Dwi wedi bod yn pendroni ynglŷn â hynny hefyd.”

“Wel, pe byddech chi’n gwbod unrhyw beth am unrhyw beth, yna byddech chi’n gwbod bod jam wedi newid bywyd Hen Dad-cu Barti Bechingalw yn llwyr.” Cododd Beti ei haeliau yn fawreddog. “Falle mai môr-leidr brawychus oedd e i ddechrau, ond fe newidiodd jam hynny i gyd. Roedd e’n dwlu ar jam bron cymaint ag yr oedd e’n dwlu ar ei fochyn cwta, Doris Farwol. Rhoddodd y gorau i’w fywyd fel môr-leidr a bwrw ati i geisio dod o hyd i’r rysáit jam perffaith. Yn ôl y sôn, fe lwyddodd. Ond ddaeth neb byth o hyd i’r rysáit.”

“O ddifri?” Trodd Sgwter ati yn llawn syndod.

"Ydw, a dweud y gwir." Nodiodd Beti yn falch. "Fel mae'n digwydd, dwi'n dod o linach hir o ddyfeiswyr jam. Ers fy Hen Dad-cu Barti Bechingalw, mae pob Bechingalw wedi parhau â'r traddodiad. Wel, oni bai amdana i, hynny yw." Ochneidiodd wrth dynnu llyfr nodiadau o'i phoced a'i agor iddyn nhw gael ei weld.

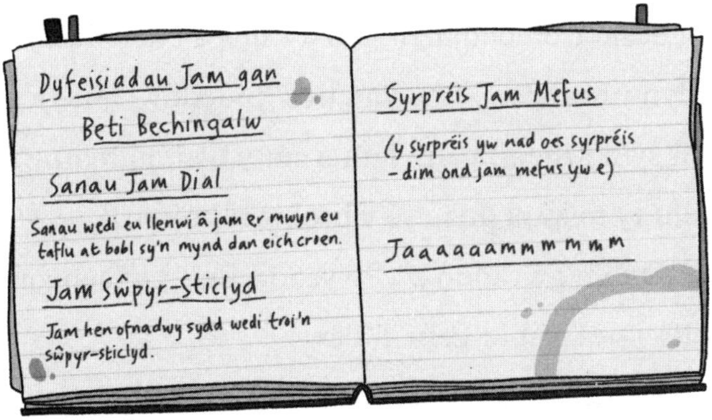

"Ydych chi'n gweld? Mae fy syniadau i'n ofnadwy." Taflodd Beti'r llyfr ar lawr.

"Weithiau gall pethau ofnadwy wella." Hedfanodd Fflwffen i lawr, codi llyfr nodiadau Beti a'i roi yn ôl iddi. "Roedd Jam Mefus Crebachlyd Fflwffen yn ofnadwy ar y dechrau!" Gwenodd yn garedig.

"Ond dwi'n anobeithiol." Gwthiodd Beti'r llyfr yn ôl i'w phoced. "Fyddai gen i ddim syniad ble i ddechrau, hyd yn oed."

"Wel, pan fydda i'n cael syniad newydd, dwi'n cychwyn arni trwy feddwl am broblem sydd gen i. Rhywbeth dwi eisiau ei ddatrys." Agorodd Sgwter ei fag cefn a gwenu wrth i Robot-Law Tri basio'r brechdanau jam a'r llus a baciodd cyn iddyn nhw adael. "Ac yna dwi'n meddwl am yr hyn sy'n arbennig am jam a sut y byddai hynny'n gallu fy helpu i ddatrys y broblem honno."

"Dwi'n gwrando..." Pwysodd Beti ymlaen gan orffwys ei gên ar gefn ei llaw.

"Fel fy nyfais gyntaf i." Cododd Sgwter un o'r

brechdanau. "Y Dafell Jam. Fe feddyliais i am honno oherwydd fy mod i'n ei chael hi'n anodd cydio yn fy nghyllell i daenu jam... a do'n i ddim eisiau i fy mam wneud fy mrechdanau jam i o hyd. Felly, meddyliais am sut y gallwn i ddatblygu rhywbeth i fy helpu i wneud fy mrechdan jam... a hei presto! Y Dafell Jam!" Gwenodd wrth i Fflwffen lanio ar ei ysgwydd. Roedd Cadi bellach yn gwrando hefyd.

"Ac yna fy swigod bath jam." Roedd Sgwter yn eithaf mwynhau hyn. "Wel, fe ddyfeisiais i hwnnw oherwydd fy mod i'n llwglyd yn y bath, ac fe feddyliais i y byddai'n braf gallu bwyta byrbryd jam yn y fan a'r lle. Hei presto! Swigod Bath Jam Banana, sy'n cynnwys perlau pitw o swigod jam!" Gwenodd. "Felly, dechreuwch trwy feddwl am broblem rydych chi eisiau ei datrys ac yna meddyliwch tybed sut y byddai jam yn gallu eich helpu chi."

"Wel..." Meddyliodd Beti am eiliad. "Dwi braidd yn llwglyd."

"O'r gorau..." Pasiodd Sgwter frechdan jam iddi. Roedd hen ddigon i bawb.

"A byddwn i'n eitha hoffi bisged fach neis yr eiliad hon." Pasiodd Beti'r frechdan i Boris.

"O'r gorau..." Gwyliodd Sgwter wrth i Boris gnoi'r frechdan. "Felly, sut byddai jam yn gallu datrys hynny?"

Meddyliodd Beti'n galed am eiliad.

"Sgwter!" Syllodd Fflwffen o amgylch pen Beti yn llawn edmygedd. "Mae Fflwffen yn gallu gweld bod Beti'n cael syniad! Mae Fflwffen yn gallu gweld lliwiau!"

"Wel, falle y gallwn i ddyfeisio bisged â jam ynddi."

"Y myyyyyyymryn lleiaf o liw," aeth Fflwffen yn ei blaen. Ond roedd Beti'n cyffroi erbyn hyn.

"Ydych chi'n gwbod beth?" Cododd ar ei thraed yn sionc. "Fe allen ni ei galw'n..." Oedodd yn ddramatig. "... Fisged Jam!"

"Gwich!" Syllodd Boris i fyny arni'n llawn edmygedd.

"Mymryn pitw bach." Gwasgodd Fflwffen ei bawd a'i bys blaen at ei gilydd.

"Hmmm..." Gwgodd Sgwter. "Wel, dwi'n meddwl falle bod rhywbeth reit debyg yn bodoli yn barod, ond mae e'n ddechrau da. Jest daliwch i feddwl yn yr un ffordd a dwi'n siŵr y byddwch chi'n llwyddo i feddwl am ragor o syniadau."

"Dwyt ti ddim yn rhy ffôl, Sgwter Cadwaladr." Gwenodd Beti, cyn ysgrifennu ei syniad yn ei llyfr. "Dwi newydd gael syniad! Cofia rannu, Boris." Cymerodd y frechdan jam yn ôl gan Boris, cymryd llond cegaid ohoni, a chynnig llusen iddo. "Wff."

Ysgydwodd ei llaw o flaen ei hwyneb. "Ydy dyfeisio jam yn eich gwneud chi'n boeth fel arfer? Mae hi'n ferwedig yma, yn tydy?"

Wrth i Sgwter gymryd llond cegaid arall o'i frechdan disgynnodd diferyn o chwys i lawr ei dalcen. Roedd Beti yn llygad ei lle, roedd hi yn poethi yma. Roedd cwmwl o stêm yn codi o'r dŵr o'u blaenau.

"Ooo." Trochodd Cadi fysedd ei thraed yn y dŵr. "Mae'r dŵr yn gynnes braf! Oes rhywun ffansi mynd i mewn? Oes gen ti rywfaint o'r Swigod Banana yna yn CRAD, Sgwt?" Llenwyd stumog Sgwter â theimlad rhyfedd o ofn wrth i Cadi ddal i siarad. "Mae hi'n hen bryd i Hen Gapten Barti Bechingalw roi rhywbeth neis i ni, yn tydy? Wedi'r cyfan, rydyn ni wedi cael ein torri, ein harllwys trwy dwnnel, ein hychwanegu at siwgr. Falle ei fod wedi penderfynu ei bod hi'n bryd i ni gael bath!"

Ond atebodd Sgwter ddim. Atseiniodd geiriau Cadi yn ei glustiau.

Roedd hi'n iawn. Roedden nhw wedi cael eu torri, eu hychwanegu at siwgr a nawr at ddŵr, hefyd... yn union fel ffrwythau wrth wneud jam.

Ond roedd hynny'n golygu mai'r peth nesaf fyddai...

"Berwi!" ebychodd Sgwter. "Nid llwyth o hen drapiau ffŵl yw'r rhain. Uned gynhyrchu jam enfawr yw hi! A ni yw'r ffrwythau!" Edrychodd o'i flaen. Agorodd ei lygaid led y pen wrth iddo weld bod y dŵr yn mynd yn fwy ffyrnig. Roedd yn byrlymu ac yn murmur o dan gwmwl trwchus o stêm. Roedd sŵn corddi uchel yn dod o rywle o'u blaenau. "Mae'n rhaid i ni ddianc o fan hyn!" llefodd. "Rydyn ni ar fin cael ein *berwi*!"

PENNOD UN DEG UN

"Ond ro'n i'n meddwl y bydden ni'n iawn, cyn belled â'n bod ni'n gwbod sut i wneud jam!"

Saethodd Cadi tuag at ymyl y cwch, gan syllu'n wyllt ar y stêm yn codi o'u blaenau wrth i Sgwter edrych yn llawn gwylltineb ar hyd y waliau. Roedden nhw'n hollol llyfn, yn union fel y pibau oedd yn cario'r jam o gwmpas y ffatri. Roedd y nenfwd wedi ei orchuddio â phibau bach pres ond doedd dim modd eu cyrraedd.

Edrychodd i fyw llygaid Fflwffen. Nodiodd hithau arno'n benderfynol i ddangos ei bod yn deall, yna hedfanodd i ganol y stêm.

Dychwelodd ymhen dim o dro, ei tharten jam braidd yn soeglyd ac wedi toddi.

"Sgwter!" Sychodd ddiferyn o chwys o'i thalcen. "Mae yna drobwll. Mae'r dŵr yn chwyrlïo a chorddi a byrlymu! Ac mae hi'n teimlo'n boeth i lawr yna. Yn boeth iawn, iaaaawn."

Llyncodd Sgwter ei boer wrth syllu ar y stêm trwchus. Roedd y sŵn corddi'n dechrau swnio'n debycach i sŵn rhuo.

Trodd i edrych ar ei gyd-deithwyr yn y cwch.

Roedd Beti a Boris yn cydio'n dynn yn ei gilydd.

Roedd Cadi'n fflicio trwy ei llyfr poced *Sut i Fod yn Ysbïwr* wrth chwilio'n wyllt am gynllun dianc.

Fflwffen oedd y cyntaf i weithredu. Glaniodd ei tharten jam yng nghanol y cwch ac ymestyn ei theimlyddion nes eu bod yn cyffwrdd yr ymylon.

"Mae Fflwffen wedi gweld silff yn y creigiau o'n blaenau. Mae hi'n agos i'r trobwll, ond bydd Fflwffen yn cario pawb draw ati."

Caeodd ei llygaid yn dynn, cymryd anadl ddofn a gwthio â'i holl nerth.

"Nnnnnnnnnhhhhhhhhhhhhhhhh."

Cododd y cwch filimetrau uwchben y dŵr cyn disgyn i lawr eto â sblash.

"Mae e'n drwm iaaaawn." Cymerodd anadl ddofn eto a rhoi cynnig arall arni.

"Nnnnnnnnnnnnnnhhhhhhhhhhnnnnn nnnnnnhhhhhhhhhhhhh!"

Y tro hwn cododd y cwch rhyw gentimetr.

"Rwyt ti'n llwyddo, Fflwff. Dal ati!" Curodd Cadi ei dwylo wrth i'r cwch agosáu at y silff. Crychodd Fflwffen ei hwyneb mewn poen.

"Dydy hi ddim yn gwneud cystal â *hynny*." Syllodd Beti dros ymyl y cwch. "Wedi'r cyfan, dydyn ni prin wedi symud!"

SBLASH.

Gollyngodd Fflwffen y cwch.

"Dydy Fflwffen erioed wedi cario unrhyw beth mor drwm â hyn o'r blaen." Disgynnodd yn swp ar ei tharten jam. "Mae Fflwffen angen rhywbeth i helpu..." Goleuodd ei hwyneb a thynnodd ei chês llawn dyfeisiadau allan o boced Sgwter. "Powdwr gwrthddisgyrchiant!" Gwenodd, yna ebychodd wrth i'r cês bychan ddisgyn o'i dwylo gwlyb i'r afon fyrlymus islaw. Plymiodd i lawr wrth i'r cês symud ar hyd y dŵr am eiliad, cyn suddo o'r golwg.

"Sgwter!" llefodd, ei hwyneb bach yn llawn ofn. "Beth ddylai Fflwffen ei *wneud*?"

“Mae’n iawn, dwi’n gwbod beth i’w wneud!” Caeodd Cadi ei llyfr poced *Sut i Fod yn Ysbïwr* a nodio’n benderfynol.

Gafaelodd yn y rhaff o flaen y cwch, ei datod yn gyflym, yna’i lapio a’i thaflu dros ei hysgwydd. Safodd ar ei thraed â’i choesau fymryn ar led er mwyn cadw ei chydbwysedd, cyn plygu i lawr a neidio â’i holl nerth tuag at y pibau uwchben. Cydiodd yn un ohonyn nhw â blaenau ei bysedd a thynnu ei hun i fyny hyd nes ei bod yn gafael yn dynn ynddi.

Cymerodd anadl ddofn cyn dechrau siglo o beipen i beipen fel pe baen nhw’n fariau mwnci, gan anelu yn araf tuag at y silff yn y graig. Wrth iddi ei chyrraedd, tynnodd ei choesau yn ôl, yna ymlaen, yna yn ôl, yna aeth tin-dros-ben a glanio â’i thraed yn gyntaf ar y silff.

"Dere'n gyflym, Fflwffen!" Cymerodd y rhaff o'i hysgwydd a gwibiodd Fflwffen tuag ati. "Cer â hwn at y cwch!" Clymodd un ochr ar gylch angori ar y llawr wrth i Fflwffen wibio mor gyflym ag y gallai yn ôl tuag at Sgwter.

Tsing.

Tynhaodd y rhaff, fetr yn unig o'r cwch.

Tynnodd Fflwffen arni eto.

"Sgwter!" galwodd. "Mae'r rhaff yma'n rhy fyr!"

"*Beth ydyn ni'n mynd i'w wneud*?" gwaeddodd Beti wrth iddyn nhw syllu ar y trobwll o'u blaenau â'u llygaid led y pen ar agor, ac wrth i'r cwch bach gyflymu. "O, Boris."

Tynnodd rolyn o Bapur Tŷ Bach Jam o'i phoced a sychu talcen Boris ag ef. "Dwi'n meddwl falle ei bod hi ar ben arnon ni." Tynnodd y rholyn i ffwrdd. "Ych a fi. Mae e'n sticlyd i gyd."

"Beti!" ebychodd Sgwter. "Rydych chi'n athrylith! Y Papur Tŷ Bach Jam! Taflwch e i'r dŵr, yn gyflym! Falle y bydd yn blocio'r trobwll!" Tynnodd Beti ragor o roliau o'i phoced a'u taflu'n daer i'r dŵr melys, siwgraidd. Gwyliodd wrth iddyn nhw gyrraedd ymyl y trobwll, gan chwyrlïo a throi a throelli rownd a rownd a rownd a...

SLOOOOCCCCHHHH MUUUURRRRMMMMUUUUR

SLWTSH FFLATSH.

Fel tŷ bach wedi'i flocio, arafodd y trobwll, gan ddod â'r cwch i stop perffaith, reit yn ymyl y silff fechan.

"Fe wnes i ein hachub ni!" Neidiodd Beti o'r cwch yn wên o glust i glust. "Fe wnes i rywbeth da!" Arhosodd a siglo'i phen-ôl mewn gorfoledd, â golwg ddryslyd ar ei hwyneb. "Mae e'n deimlad... braf."

"O, Sgwter!" Plymiodd Fflwffen tuag at Sgwter wrth iddo gropian allan o'r cwch. "Roedd Fflwffen yn poeni cymaint!"

"Roedd hynna braidd yn agos!" Ymunodd Cadi yn y cwtsh.

"Gwich." Gollyngodd Boris belen o faw siâp calon.

"Edrych, Sgwter." Pwyntiodd Fflwffen at gyntedd cerrig siâp bwa â golau llachar yn disgleirio o'r tu mewn iddo. Roedd un gair wedi ei naddu i'r gwaith cerrig uwchben mynedfa'r cyntedd.

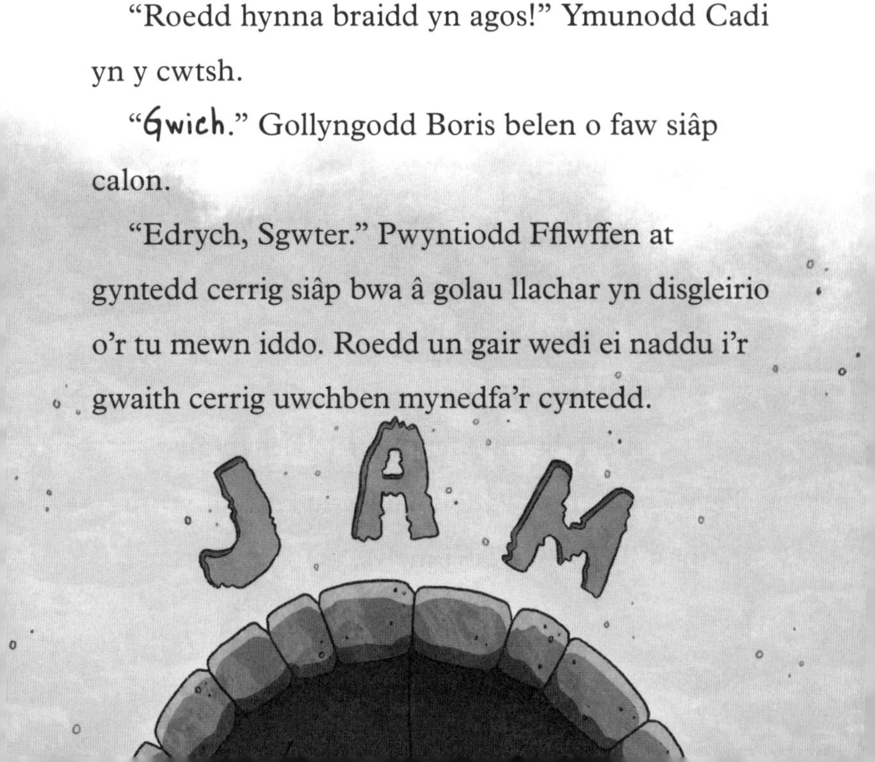

"Mae'n rhaid mai dyma'r fynedfa i'r selerau trysor!" ebychodd Sgwter. "Rydyn ni yma o'r diwedd!"

"Wir?" bloeddiodd Cadi wrth i Fflwffen gylchu pen Sgwter yn hapus.

"Rwyt ti wedi dod o hyd iddo!" Rhoddodd Beti bwniad chwareus iddo a gwichiodd Boris yn llawn cyffro.

"Dewch yn eich blaenau!" gwenodd Sgwter. "I ffwrdd â ni!"

Gyda'i gilydd, cerddodd y criw bach yn araf trwy'r bwa ac i lawr set o risiau cerrig, oddi wrth sŵn rhuo'r trobwll ac i mewn i ogof enfawr.

Ond nid unrhyw ogof.

Ogof wedi ei *llenwi â mwy o drysor nag y gallech chi fyth ddychmygu*.

Roedd tomen ar domen o ddarnau aur tewion yn gorchuddio'r llawr.

Roedd cerrig rhuddem mor fawr â mefus llawn sudd yn eu canol, a cherrig emrallt yr un maint â ffrwythau ciwi melys.

Ac yna'r jam.

Roedd y waliau'n *llawn hyd yr ymylon ohono*!

Jariau a jariau o jam o bob lliw dan haul.

"Waw." Camodd Sgwter a Fflwffen ymlaen, eu cegau led y pen ar agor. "Mae'r lle yma'n *anhygoel*!"

Syllodd Beti a Boris yn llawn rhyfeddod ar gerflun enfawr o fochyn cwta aur anferthol.

"Dyna Doris Farwol." Edrychodd Beti i lawr ar Boris. "Dy hen berthynas coll."

"Gwich!" Ffroenodd Boris i gyfeiriad darn o bapur wedi'i blygu ar waelod y cerflun. Cododd Beti'r papur a'i agor.

"Boris!" gwichiodd Beti'n llawen. "Rwyt ti wedi dod o hyd i rysáit cyfrinachol Hen Dad-cu Barti Bechingalw!"

Gwenodd Sgwter a throdd at gôn mawr a oedd yn hongian o'r nenfwd. Roedd y geiriau JAMYDD 500 wedi eu hysgrifennu arno. Roedd tap wedi'i droi i *Diffodd* wrth ymyl y côn, a rhes o jariau jam ar gludfelt islaw.

"Mae'n rhaid bod hwn reit o dan y trobwll." Ysgydwodd Sgwter ei ben mewn rhyfeddod. "Mae'r holl le yn ffatri jam danddaearol enfawr!" Edrychodd i fyny ar belydryn bach o olau a oedd yn disgleirio i lawr arnyn nhw, gan ddatgelu llwybr o blanhigion mefus gwyllt yn dringo'r waliau fel gwinwydd. "Roedd e hyd yn oed yn tyfu ei fefus ei hun, yn union fel rydyn ni'n ei wneud! Mae hynny'n anhygoel!"

"Dwi ddim yn gallu coelio ein bod ni wedi dod o hyd iddo!" Gwenodd Cadi wrth edrych ar ei horiawr. "Ac mae gennyn ni ddigon o amser dros ben. Dim ond pedwar o'r gloch yw hi. Gallet ti hyd yn oed fod yn ôl mewn pryd i Ailagoriad Anhygoel dy ffatri *di*!" Clapiodd ei dwylo'n hapus. "Mae'r ffatri'n saff. Mae'r trysor gyda'i berchennog cywir. Y cyfan sydd angen i ni ei wneud nawr yw rhwystro Wncwl Seimon rhag creu llana—" Sylwodd ar hanner mwstás dieflig ar lawr. Plygodd i edrych yn agosach, yna edrychodd i fyny. Culhaodd ei llygaid wrth weld bwced yn sownd wrth raff yn hongian i lawr o smotyn bach o olau ar y nenfwd. "Sgwter..." sibrydodd yn daer. "Fy Wncwl Seimon – dwi ddim yn gwbod sut, ond dwi'n meddwl ei fod e yma'n barod!"

PENNOD UN DEG DAU

"*Syrpréis*!" Dawnsiodd Seimon y tsha-tsha-tsha o'r cysgodion y tu ôl iddyn nhw wrth i Cyrnol Pom Pom glicio i guriad ei draed. Troellodd Seimon yn yr unfan, gwneud symudiad campelen-newid a gorffen â dwylo jazz. "Dwi yn hoffi cyrraedd mewn steil!" crechwenodd yn falch ar y pum wyneb llawn syndod o'i flaen.

“O, yr ymwelydd iechyd clên yna sydd yma!” Cochodd Beti a chodi’i llaw arno. “Helô-ô.” Ysgydwodd Seimon ei aeliau yn ddeniadol.

“Ymwelydd iechyd?” Syllodd Sgwter mewn syndod. “Pa ymwelydd iechyd? A beth mae e’n ei wneud lawr fan hyn?”

“Dwi’n meddwl falle ei fod e wedi mopio’i ben yn lân â fi,” sibrydodd Beti’n uchel wrth dacluso’i gwallt. “Mae e yma i ofyn i fi fynd ar ddêt, fwy na thebyg.”

“Nid ymwelydd iechyd yw e.” Camodd Cadi ymlaen. “Fy Wncwl Seimon yw e, ac mae e’n ddyn drwg a chelwyddog!”

"Mae arna i ofn bod hynny'n wir, cariad," brwsiodd Seimon ei siaced felfed a throi'r hanner oedd yn weddill o'i fwstás yn filain. "A fi yw perchennog yr holl drysor yma. Wedi'r cyfan, *fi* ddaeth o hyd iddo gyntaf."

"**Mîp.**" Chwarddodd Cyrnol Pom Pom, wrth ei fodd.

"Ond sut lwyddoch chi...?"

"O, sut lwyddon ni i gyrraedd i lawr yma cyn i chi gyrraedd?" torrodd Seimon ar ei thraws. "Wel, doedd e ddim yn rhan o'r cynllun, fe ddyweda i wrthych chi. Ond pan wnes i ddeall eich bod chi'n cynllwynio i geisio dwyn y trysor cyn i fi wneud hynny, roedd yn rhaid i mi gyrraedd yma'n gyntaf. Ro'n i'n amau y byddai'n anodd, ond yna fe glywais fod Beti wedi cymryd yr awenau yn y ffatri eto ac ro'n i'n gwbod na fyddai'n rhy anodd swyno fy ffordd i mewn." Trodd at Beti a gwenu arni'n sebonllyd.

"Dim diffyg parch, cariad, ond dydych chi ddim y person mwya clyfar, nac ydych? Dim ond rhyw fymryn o swyn Sgwlca oedd ei angen."

"Gwich!" llefodd Boris yn flin o'r tu mewn i'r cariwr babi wrth i ên Beti ddisgyn i lawr, ei chlustiau'n cochi mewn cywilydd.

"Cyn gynted ag yr aethon ni i mewn, y cyfan oedd angen i fi ei wneud oedd cloi Beti yn rhywle a gadael i Cyrnol Pom Pom wneud ei waith. Mae e'n gallu ffroeni aur yn well na siarc yn ffroeni gwaed." Rhoddodd oglais bach i Cyrnol Pom Pom o dan ei ên a chwerthin. "Mae gan hwn drwyn athrylith."

Crychodd Cyrnol Pom Pom ei drwyn yn falch a gwneud dawns fach.

"Ie wir, Cyrnol Pom Pom. Trwyn athrylith a thraed balerina."

Mwythodd Seimon ef ar ei ben yn gariadus, yna gwnaeth y ddau shimi gan gydsymud yn berffaith. "Rydyn ni'n mynd i ennill y *Bencampwriaeth Dawnsio Perchennog a'i Anifail*

Anwes, wyddoch chi? Beth bynnag, roedd Cyrnol Pom Pom yn gwbod ein bod ni'n mynd i ddod o hyd i'r trysor ar waelod y ffynnon ddymuno. Er, pwy a ŵyr sut y llwyddodd i'w arogli yng nghanol yr holl jam drewllyd yma." Sythodd Seimon y pèg ar flaen ei drwyn.

"Ond dydy hynny ddim yn esbonio sut roeddech chi'n gwbod beth oedd ein cynllun ni. Na sut roeddech chi'n gwbod bod Beti wrth y llyw. Ydych chi wedi bod yn ysbïo arna i yn ogystal â dwyn fy stwff i?" Camodd Cadi yn ei blaen â'i dwylo ar ei chluniau.

"Falle y dylet ti ofyn i Beti am hynny." Cilwenodd Seimon. "Wedi'r cyfan, fyddwn i byth wedi gwbod oni bai am y cam-jam a blannodd hi yn eich labordy dyfeisiadau chi."

"*Beth*?" ebychodd Sgwter yn gegagored. "Pa cam-jam?"

"O, doeddet ti ddim yn gwbod?" Rhoddodd Seimon ei law wrth ei geg fel pe bai wedi datgelu cyfrinach yn ddamweiniol. "Wp-a-deis. Beth bynnag, dyna ddigon o hyn i gyd."

Tynnodd rywbeth o'i boced a'i chwifio o'u blaenau.

"Ro'n i'n meddwl y byddai hwn yn ddefnyddiol." Nodiodd at ddrws nad oedd Sgwter wedi sylwi arno o'r blaen a chodi potel o ddŵr uwchben y jar yn fygythiol. "Nawr, pob un ohonoch chi. Ewch i mewn fan'na."

"Jam Losin Ffrwydrol?" gwawdiodd Cadi. "Does arna i ddim ofn..."

"Stop!" Estynnodd Sgwter ei law allan. "Os aiff y dŵr yn agos i'r jam yna, byddai'n gallu tynnu'r nenfwd i lawr ar ein pennau ni! Jest gwnewch fel mae e'n ei ddweud."

Cerddodd pob un ohonyn nhw i'r stafell yn araf wysg eu cefnau.

"Peidiwch â phoeni." Trodd Seimon at Sgwter a Cadi. "Fe wna i adael nodyn i'ch rhieni chi wedi i fi fynd. Byddan nhw'n dod i chwilio amdanoch chi ymhen rhyw wythnos neu ddwy, dwi'n dyfalu."

"Na!" Wrth i Cadi redeg at y drws caeodd Seimon ef yn glep yn ei hwyneb.

"O, a bron i fi anghofio!" Gwrandawodd y criw yn llawn arswyd wrth iddo droi'r allwedd yn y clo. "Mae arna i ofn na fydd rhyw lawer o ffatri jam yn weddill pan ddewch chi allan." Ysgydwodd Seimon y jar o Jam Losin Ffrwydrol yn ysgafn. "Dwi wedi byw gyda'r drewdod ffiaidd yna'n ddigon hir." Cliciodd ei sodlau. "Gwell i fi ddechrau pacio fy nhrysor nawr. Ta-ta-tan-toc."

PENNOD UN DEG TRI

"Allwch chi ddim achosi llanast yn ein ffatri ni!" Curodd Sgwter ar y drws yn wyllt.

"Na allwch!" gwaeddodd Fflwffen yn ffyddlon o'i tharten jam wrth ei ymyl. "Ac mae jam Sgwter yn arogli'n fendigedig!" Ciciodd y drws mewn rhwystredigaeth.

"A dydych chi erioed wedi ei drio fe, hyd yn oed!" gwaeddodd Cadi. "Fe ddylech chi drio pethau cyn penderfynu a ydych chi'n eu hoffi nhw ai peidio!"

"Gwich, gwich, gwich, gwich, gwich, gwich." Daliodd Boris lusen i fyny yn wyllt gacwn. "GWICH!"

SBLAT.

Slwtsiodd y llusen â'i bawen.

"Dyma'n *union* roedd Fflwffen yn ei ddweud." Hedfanodd Fflwffen i lawr tuag ato. "Ond dywedodd Sgwter, 'Naaaa, Fflwffen. Naaaa, dim slwtsio fel pryfyn'." Roliodd ei llygaid wrth i Boris nodio'n llawn cydymdeimlad.

"Beth oedd Seimon yn ei ddweud ynglŷn â *cam-jam*?" Trodd Sgwter at Beti, ond oedodd wrth edrych arni. Roedd hi'n eistedd ar grât pen-i-waered, ei llygaid yn goch a dagreuol. Doedd Sgwter ddim yn gallu peidio â sylwi pa mor drist roedd hi'n edrych. Trist a bach ac unig. Ochneidiodd ac eistedd wrth ei hymyl. "Beth *wnaethoch* chi?" gofynnodd, fymryn yn fwy pwyllog.

Sniffiodd Beti a sychu ei thrwyn â chefn ei llaw, cyn sychu ei llaw ar ei thrywsus brown meddal.

"Pan dorrais i mewn i'ch hen ffatri chi," dechreuodd, "ro'n i eisiau dwyn eich holl gyfrinachau chi... felly, fe osodais i gamera yn y stafell ddyfeisio, ond yna—"

"Fe benderfynoch chi fynd gam ymhellach a gadael i fi adeiladu ffatri newydd er mwyn i chi fedru dwyn honno hefyd?" torrodd Sgwter ar ei thraws gan rolio ei lygaid.

"Ro'n i ar fin dweud nad o'n i'n meddwl bod y camera'n gweithio. Roedd e wedi ei wasgu y tu ôl i ryw gês bach, ac roedd arwydd ar hwnnw yn dweud PEIDIWCH Â CHYFFWRDD AR UNRHYW GYFRIF. Fe benderfynais mai dyna oedd orau ac fe daflais i'r sgrin deledu i sgip oesoedd yn ôl. Ro'n i wedi anghofio popeth amdano hyd nes i Seimon ei grybwyll nawr. Mae'n rhaid ei fod e wedi dod o hyd i'r teledu ac wedi gwylio pan—"

"Pan symudon ni gês llawn dyfeisiadau Fflwffen gynnau." Gorffennodd Sgwter ei brawddeg drosti.

"Siŵr o fod." Sniffiodd Beti. "Ro'n i jest eisiau dyfeisio pethau anhygoel fel ti." Syllodd yn galed ar y llawr. "Fel fy Hen Dad-cu Barti Bechingalw. Ond yn lle hynny, dwi wedi gwneud llanast o bethau. Fy mai i yw hyn i gyd. Fi yw'r un geisiodd ddwyn dy ffatri di. Fi yw'r un guddiodd y cam-jam a datgelu dy gynlluniau di i'r dyn drwg yna, a fi yw'r un adawodd iddo ddod i mewn. Dwi wedi bod yn ffŵl gwirion." Rhwbiodd ei throed ar belen o faw wrth i Boris ddringo ar ei choesau a swatio ar ei glin yn llawn cydymdeimlad.

"Roedd Wncwl Seimon yn cynllwynio i ddwyn y trysor ac achosi llanast yn y ffatri ers amser." Rhoddodd Cadi ei llaw ar ysgwydd Beti. "O leia mae gennyn ni siawns o'i rwystro fe nawr." Trodd at Sgwter. "Felly, beth yw'r cynllun, Sgwt? Sut ydyn ni'n mynd i ddianc o fan hyn?"

"Dwi ddim yn meddwl y *galla* i achub y ffatri." Ochneidiodd Sgwter yn drwm ac edrych ar ei oriawr. Roedd hi bron yn bump o'r gloch. "Ac alla i ddim bod yn ôl mewn pryd i'r Ailagoriad

Anhygoel." Llyncodd yn galed wrth ddychmygu'i hun yn barod ac yn aros i'r pentrefwyr gyrraedd. Byddai hon wedi bod yn noson orau ei fywyd.

"Roedd heno'n mynd i fod yn *anhygoel.* Pe bydden nhw'n gallu gweld mai fi yw Prif Ddyfeisydd y ffatri jam orau yn y bydysawd, bydden nhw'n gweld pwy ydw i go iawn! Dwi wastad wedi gorfod cadw popeth yn gyfrinach. Pan gyrhaeddodd Fflwffen, roedd yn deimlad mor braf peidio gorfod cuddio fy nyfeisgarwch. Ro'n i eisiau i bawb weld yr hyn mae Fflwffen yn gallu ei weld." Gollyngodd ei ysgwyddau. "Ond mae'n siŵr y byddan nhw'n dal i feddwl nad ydw i'n neb arbennig wedi'r cyfan."

"Sgwter! Mae unrhyw un sy'n treulio tri deg eiliad gyda ti yn gallu gweld pa mor arbennig wyt ti!" Eisteddodd Cadi yn ei ymyl. "Does dim angen Ailagoriad Anhygoel arnat ti i brofi hynny."

"Mae hyn yn wir." Nodiodd Fflwffen gan gytuno. "Nid y ffatri sy'n dy wneud ti'n arbennig, Sgwter. Ti sy'n gwneud y ffatri'n arbennig."

"Sgwter, mae dy ddyfeisiadau a dy syniadau di mor dda fel fy mod i wedi treulio blynyddoedd yn ceisio eu dwyn nhw. Fedri di ddim rhoi'r gorau iddi nawr." Tynnodd Beti rysáit cyfrinachol Capten Barti Bechingalw o'i phoced, yn ogystal â'i llyfr nodiadau llawn syniadau, a'u rhoi i Sgwter. "Dyna ti, cymer rhain. Falle ei bod hi'n bryd i fi ddilyn esiampl Hen Dad-cu Barti Bechingalw a cheisio byw bywyd gwell. Cadwa di'r ffatri. Wna i ddim ceisio ei dwyn hi fyth eto. Os llwyddi di i'w hachub hi rhag Seimon, hynny yw," ychwanegodd.

"Diolch." Cymerodd Sgwter y llyfr nodiadau bach a'r rysáit. "Ond does gen i ddim un o fy

ryseitiau yn fan hyn. Wel, heblaw am CRAD, hynny yw, ac mae e wedi torri braidd." Mwythodd CRAD yn gariadus a llyncu'n galed wrth i bentwr o siwgr ddisgyn allan o'r bag cefn bach ar ei lin.

"Ond Sgwter, mae dyfeisiadau gwych yn dod o syniadau gwych," meddai Fflwffen. Hedfanodd uwch eu pennau, ei golau oren yn goleuo'r stafell. "A does gan neb syniadau fel rhai Sgwter. Neb yn yr holl fydysawd yma."

"Yn hollol." Nodiodd Cadi. "Ac nid dy ddyfeisiadau di lwyddodd i'n cael ni mor bell â hyn, ond dy wybodaeth di am jam! Fyddai yr un ohonon ni yma heblaw am hynny."

"Gwich." Nodiodd Boris a rhyddhau pelen fach o faw siâp calon.

Craffodd Sgwter ar y stafell lle roedden nhw'n eistedd. Roedd y waliau wedi eu gorchuddio â hen jariau llychlyd o jam can mlwydd oed, a'r rheini wedi eu pentyrru un ar ben y llall.

Roedd darnau o beiriannau wedi torri a bwrdd du ar y wal. Roedd planhigyn mefus gwyllt bach yn hongian i lawr o'r to. Edrychodd Sgwter ar y pentwr o siwgr ar ei lin, yna ar lyfr syniadau Beti a rysáit cyfrinachol Capten Barti Bechingalw. Goleuodd ei lygaid.

"Fe wnest ti ddweud nad oedd Seimon erioed wedi trio jam?" Trodd at Cadi yn wên o glust i glust.

"Mae Sgwter yn cael *syniadau*!" gwichiodd Fflwffen.

PENNOD UN DEG PEDWAR

Safodd Sgwter yn ymyl yr hen fwrdd du wrth i Fflwffen ysgrifennu teitl mewn sialc.

SUT I STOPIO SEIMON RHAG ACHOSI LLANAST YN Y FFATRI.

"Y peth cyntaf sydd angen i ni ei wneud yw dianc o'r stafell yma," esboniodd Sgwter.

"Sgwter, galla i agor clo'r drws yna heb drafferth." Tynnodd Cadi glip o'i gwallt a thynnodd Fflwffen lun ohono ar y bwrdd du.

"Gwych." Gwenodd Sgwter. "Ond mae angen i ni wneud rhywbeth arall yn gyntaf."

"O." Rhoddodd Cadi'r clip yn ôl yn ei gwallt a rhwbiodd Fflwffen y llun.

"Mae angen i ni newid meddwl Seimon ynglŷn â jam." Cododd Sgwter un o'i aeliau a nodio'n ddoeth ar bawb wrth i Fflwffen dynnu llun o Seimon â wyneb hapus a swigen siarad yn dod o'i geg.

"Wel, sut ar y ddaear wyt ti'n mynd i wneud hynny?" gwgodd Beti. "Mae'r dyn yn casáu'r stwff. A fedri di ddim rhoi *hwnna* iddo fe." Pwyntiodd at y jariau can mlwydd oed a oedd yn gorchuddio'r wal.

"Mae Cadi'n dweud nad yw Seimon erioed wedi trio jam – ond mae tro cyntaf i bopeth." Gwenodd Sgwter, gan bwyntio i fyny at y planhigyn mefus gwyllt wrth i Robot-Law Tri ymestyn allan o CRAD â phentwr o siwgr yn ei law robotig. "Mae gennyn ni'r cynhwysion fan hyn i wneud *y jam gorau erioed*. Wedi'r cyfan, fe wnaethoch chi ddweud bod Capten Barti Bechingalw wedi rhoi'r gorau i'w fôr-ladrata oherwydd jam. Pam ddim Seimon, hefyd? Os gwnawn ni lwyddo i'w gael e i drio'r jam gorau erioed, yna fydd e byth eisiau achosi llanast yn ein ffatri ni."

"Ymm..." Gwasgodd Beti ei gwefusau at ei gilydd. "*Dyna* dy gynllun di? Rhoi mymryn o *jam* iddo fe?"

"Gwich?" Rhoddodd Boris un bawen dros ei wyneb a chau ei lygaid gan ochneidio'n hir.

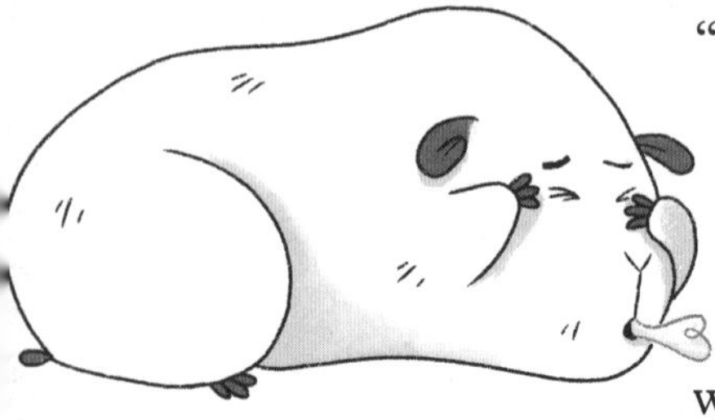

"Beth os na fydd e'n ei hoffi?" Gwyrodd Beti ei phen i un ochr. "A hyd yn oed os yw e, beth wyt ti'n credu sy'n mynd i ddigwydd? Fydd e'n penderfynu peidio ag achosi llanast yn y ffatri a rhoi'r gorau i fod yn ddyn drwg hefyd?"

"*Ie*! Dyna'n *union* sy'n mynd i ddigwydd!" Taflodd Sgwter ei freichiau i'r awyr yn llawn cyffro.

Blinciodd Beti, Boris a Cadi wrth i Fflwffen dynnu swigen siarad fach arall wrth ymyl y llun o Seimon.

"Ymmm. Dwi'n meddwl falle ein bod ni wedi siarad yn rhy fuan am yr holl fusnes syniad anhygoel yma," mwmialodd Beti wrth Boris.

"Gadewch y jam i fi a Fflwffen." Edrychodd Sgwter i fyw llygaid y ddau gan ddal ei ên yn uchel. "Rhaid i chi ymddiried ynof i. Bydd e'n gweithio."

"Mae'n siŵr bod ganddo rywbeth bach ychwanegol i'w roi yn y jam – rhywbeth *estronllyd*," sibrydodd Beti wrth Boris a Cadi, gan roi winc gyfrinachol.

"Ond sut ydych chi'n mynd i'w gael e i'w fwyta fe?" gofynnodd Cadi. "Hyd yn oed â'r pèg ar ei drwyn, mae e'n gallu arogli jam ugain metr i ffwrdd. Wnewch chi byth lwyddo i'w dwyllo fe i drio rhywfaint."

"Dyna pryd y bydd yn rhaid defnyddio rhan nesaf fy nghynllun," esboniodd Sgwter. Gosododd CRAD ar y llawr o'u blaenau.

"Os nad oes ots gennych chi helpu rywfaint fan hyn?" Pwysodd y botwm mawr oren ar y blaen a thynnodd a gwthiodd y tîm wrth i'r bag cefn bach wichian a chrawcian, cwyno a chrensian a throi yn feic cwad tolciog, llychlyd.

"Mae'n mynd i olygu rhywfaint o waith." Mwythodd Sgwter CRAD yn llawn cydymdeimlad, yna daliodd lyfr syniadau Beti i fyny. "A bydd angen rhywfaint o jam hen ofnadwy arnon ni."

"Rwyt ti'n mynd i ddefnyddio fy syniad i?" Goleuodd wyneb Beti i gyd.

"Ydw." Gwenodd Sgwter. "Achos mae e'n syniad gwirioneddol dda. Does ond un peth..." Oedodd. "Bydd angen hosan â thwll ynddi arnon ni hefyd."

"Dim problem." Dechreuodd Beti ddatod careiau ei bŵts. "Mae gen i'r union beth sydd ei angen arnat ti."

"Gwych." Gwenodd Sgwter wrth i'r grŵp glosio at ei gilydd. "Felly, dyma'r cynllun."

Aeth pawb ati i baratoi fel lladd nadroedd. Llifodd mwg allan wrth i Beti, Boris, Cadi a Robot-Law Tri sodro, weldio a weirio. Aeth Fflwffen a Sgwter ati i dorri, cymysgu, berwi a photelu er mwyn creu'r jam gorau a gafodd ei flasu erioed.

"Dwi'n meddwl mai dyna bopeth." Mwythodd Sgwter CRAD ar ei newydd wedd wrth ddal jar o jam ffres i bawb gael ei weld.

"Rydyn ni'n barod."

Yn ôl yn y selerau trysor, roedd Seimon a Cyrnol Pom Pom yn ymarfer eu dawnsio wrth iddyn nhw bacio trysor i'w bagiau a'i bentyrru i'r fwced tun fechan.

"Dwi'n meddwl y bydd yn rhaid i ni ddod yn ôl i gasglu'r gweddill." Edrychodd Seimon o'i gwmpas ar yr ogof anhygoel lawn trysor. "Dere i ni fynd i achosi llanast yn y ffatri tra gallwn ni." Rhoddodd Cyrnol Pom Pom y gorau i droelli a dechrau chwerthin lond ei fol. "Dylai ambell ddiferyn o hwn yn y peiriannau wneud y tric." Tynnodd y jar bach o Jam Losin Ffrwydrol o'i boced. "Unwaith y bydd y ffatri ar gau, gallwn ni gerdded yn ôl i mewn pryd bynnag rydyn ni eisiau."

"Ambell ddiferyn o beth, Wncwl Seimon?"

"Aaa!" Neidiodd Seimon wrth i Cadi ymddangos yn y drws y tu ôl iddo â'i dwylo ar ei chluniau. "O, ti sydd yna." Roliodd ei lygaid. "Dylwn i fod wedi gwbod y byddet ti'n llwyddo i ddianc. Paid â dod gam yn nes." Cododd y Jam Losin Ffrwydrol wrth i Cadi ddod tin-dros-ben tuag ato.

"A dweud y gwir, Wncwl Seimon—" Cymerodd y jar fach o'i law wrth wneud olwyn dro heibio iddo, gan lanio ar ei thraed. "Dwi'n meddwl y byddai'n well i fi ofalu am hwn."

"Hei!" Trodd Seimon ati. "Fedri di ddim jest cymryd hwnna o fy llaw i! Dwyn yw peth felly!"

"O, a gyda llaw." Gwnaeth Cadi symudiad cam-pelen-newid. "Gwell i chi symud o ble rydych chi'n sefyll, yn gyflym."

"Beth? Pam?"

CRAAASSSHHHH-CLEC

Ffrwydrodd y drws hynafol tuag atyn nhw.

"Mae hi ar ben arnoch chi." Gwenodd Cadi.

Syllodd Seimon yn gegagored wrth i *danc arfog* oren sgleiniog rolio allan, a'r gair CRAD yn ei addurno ar stribed o dân wedi ei beintio. Sgwter oedd wrth y llyw, ei wallt coch yn fop blêr ar ei ben. Roedd Fflwffen, Beti a Boris yn eistedd y tu ôl iddo â golwg benderfynol ar eu hwynebau ac arf o'u dewis yn eu dwylo.

Roedd Fflwffen yn cydio mewn llusen.

Roedd Beti yn cydio mewn hosan dyllog.

Roedd Boris yn cydio mewn canon.

"Rydyn ni'n meddwl ei bod hi'n hen bryd i chi drio rhywfaint o jam." Gwenodd Sgwter wrth i Boris chwistrellu'r jam can mlwydd oed dros y bwcedaid o drysor wedi'i ddwyn, gan ei lynu i'r unfan.

"Beth ydych chi'n feddwl rydych chi'n..." poerodd Seimon wrth i Beti ddechrau troi hosan

CRAD

mewn cylchoedd uwch ei phen. Troellodd yr hosan rownd a rownd a rownd, yn gynt ac yn gynt. "Hosan?" crechwenodd Seimon. "Dydych chi ddim o ddif—"

"Cymer honna!" Taflodd Beti'r hosan at Seimon â'i holl nerth.

SBLAT.

Tarodd yr hosan y targed yn berffaith, reit yn ei geg.

"*Aaaa glgggg bgggg,*" tagodd Seimon yn llawn syndod wrth i'r hosan ddisgyn ar lawr. "*Begggg?*" Llyncodd yn anghyfforddus wrth i ddiferyn pitw o Syrpréis Jam Mefus lithro i lawr ei lwnc ac i'w fol.

Dechreuodd mwstás Seimon grynu.

Yna crynodd eto.

"Beth *oedd* hwnna?" sibrydodd gan ddal ei law ar ei frest.

"Wel..." gwenodd Sgwter. "Syrpréis Jam Mefus oedd hwnna." Daliodd y jar i fyny i Seimon gael ei weld.

"Ond..." Roedd Seimon yn amlwg o dan deimlad wrth iddo rolio'i dafod o amgylch ei geg. "Mae e'n fendigedig!" Troellodd yn yr unfan. "O, mae e'n felys a blasus a sticlyd a hyfryd!"

Cododd yr hosan dyllog oddi ar y llawr, dowcio'i fys i mewn i ddiferyn o jam oedd yn weddill, yna'i lyfu'n gariadus. "Cyrnol Pom Pom, mae'n rhaid i ti flasu hwn! Sut allwn ni ystyried achosi llanast mewn ffatri sy'n gwneud rhywbeth mor fendigedig â *hwn*?"

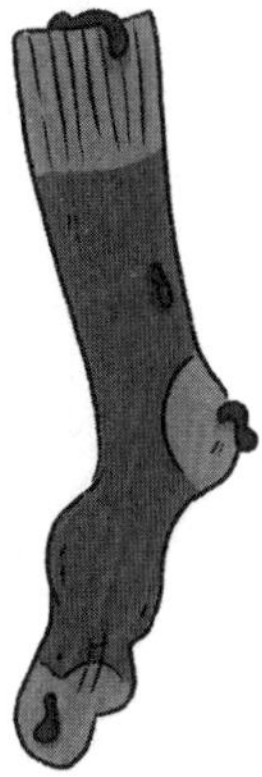

"Ymmm..." Rhoddodd Beti bwniad i Sgwter. "Sut weithiodd hynna? Wnest ti ddod o hyd i ragor o'r Melysion Cyfeillgarwch yna yn rhywle?"

"Naddo." Gwenodd Sgwter.

"Yna beth wnest ti ei roi yn y jam?" gofynnodd Beti wrth i Sgwter ddal y jar i fyny iddi gael gweld.

SYRPRÉIS JAM MEFUS

"A dweud y gwir, fe wnes i ddefnyddio un o'ch dyfeisiadau chi." Cododd Sgwter ei aeliau. "Y syrpréis yw nad oes yna syrpréis. Dim ond jam mefus yw e." Edrychodd i fyny ar y planhigion mefus gwyllt ar y waliau. "Mae'r jam gorau yn dod o'r ffrwythau mwyaf ffres. Mae'n ymddangos bod Capten Barti Bechingalw, hyd yn oed, yn gwbod y gyfrinach honno!"

Gwyliodd y pump ohonyn nhw – Sgwter, Fflwffen, Cadi, Beti a Boris – wrth i Seimon a Cyrnol Pom Pom ddechrau dawnsio'r walts o amgylch yr ogof.

"Wyddost ti be, Cyrnol Pom Pom?" gwenodd Seimon. "Dwi'n meddwl y dylen ni roi'r gorau i fod yn ddrwg!"

"**Mîp!**" gwichiodd Cyrnol Pom Pom yn wên o glust i glust wrth neidio i freichiau agored Seimon er mwyn cael ei godi'n osgeiddig.

Syllodd Beti'n gegagored.

"Mae jam yn bwerus iaaaawn." Nodiodd

Fflwffen yn ddoeth.

"Ydy *wir*."

Dechreuodd Cadi biffian chwerthin wrth i Sgwter edrych ar ei oriawr.

Pum munud i chwech.

"Pum munud tan yr Ailagoriad Anhygoel." Ochneidiodd. "Dwi'n cymryd ein bod ni wedi ei fethu fe nawr."

"Mae'n flin gen i, Sgwter." Rhoddodd Beti ei braich ar ei ysgwydd.

"Gallwn ni dy helpu di i gynllunio un arall pan fyddwn ni'n ôl." Safodd Cadi yr ochr arall iddo.

GGGGGWWWWWIIIIICCCCCHHHHH.

Trodd pawb tuag at y JAMYDD 500.

Roedd yn chwyddo fymryn.

A dweud y gwir, roedd yn gwichian a chwyno a chwyddo yn frawychus o gyflym. Bron fel pe bai rhywbeth y tu mewn iddo yn ei flocio.

GRRRRRRRRRRRRRŴŴŴŴŴŴŴŴŴNNNNNNNNNNNNN

“Y Papur Tŷ Bach Jam!” llefodd Sgwter. “Fe wnaethon ni flocio’r JAMYDD ond mae e’n dal i geisio gwneud jam! Mae’n rhaid i ni ei ddiffodd e’n gyflym, cyn iddo...”

PENNOD UN DEG PUMP

Ffrwydrodd y JAMYDD 500 a dechreuodd cymysgedd o Bapur Tŷ Bach Jam, dŵr llawn siwgr a hen jam arllwys yn ffyrnig i'r ogof fel ton enfawr, gan lenwi'r drysau a blocio pob allanfa o fewn eiliadau.

"O na!" Gwyliodd Sgwter wrth i'r dŵr orchuddio bysedd ei draed, yna ei draed a'i benliniau, a pharhau i arllwys i'r stafell. Suddodd yr aur a'r gemau oddi tano.

"Mae angen i ni ddianc o fan hyn!" llefodd,

ac ar yr union eiliad honno gwelodd gês bach yn dowcio heibio iddo. Cês bach wedi ei orchuddio â'r geiriau PEIDIWCH Â CHYFFWRDD AR UNRHYW GYFRIF.

"Fflwffen!" Nodiodd at y cês a phlymiodd Fflwffen i'w godi.

"Dewch yn gyflym, bawb, ar gefn CRAD!" gwaeddodd Sgwter wrth i Fflwffen hedfan yn ôl tuag ato. "Bydd angen i ni ddefnyddio dy ddyfais gwrthddisgyrchiant di, Fflwff."

"Iawn, Sgwter." Gwenodd Fflwffen wrth iddi ddechrau arllwys y powdwr arian dros CRAD i gyd.

Yn y cyfamser, roedd pentrefwyr Llwynhelyg wedi cyffroi'n lân wrth iddyn nhw gasglu y tu allan i ddrysau'r ffatri jam newydd.

Dwy funud i chwech.

Roedd hi bron yn amser i'r Ailagoriad Anhygoel gychwyn!

Heblaw... roedd rhywbeth rhyfedd ar droed.

Rhywbeth od...

Roedd y ffatri'n ddu fel bol buwch.

Bron fel pe na bai Ailagoriad Anhygoel ar fin digwydd.

Lledaenodd sibrydion tawel trwy'r dorf.

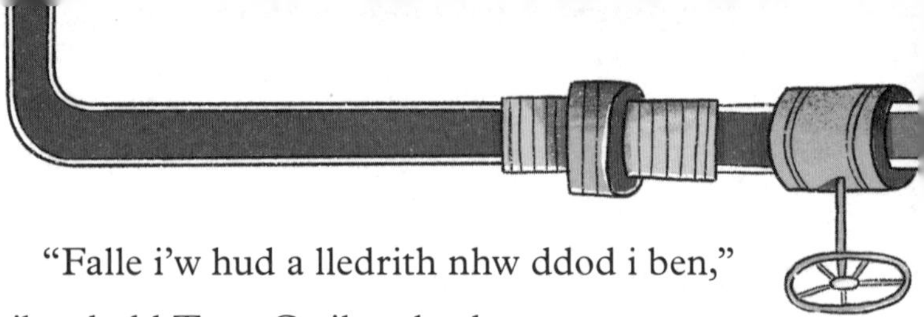

"Falle i'w hud a lledrith nhw ddod i ben," sibrydodd Twm Gwilym bach.

"Dwi'n meddwl bod estroniaid o'r gofod wedi mynd â nhw," meddai Oti Messoud.

"Rydych chi'ch dau yn anghywir," brathodd Llio Ifans. "Maen nhw wedi cael eu cyflogi gan Siôn Corn. Maen nhw wedi pacio eu pethau a gadael am Begwn y Gogledd."

"Oes unrhyw un wedi trio agor y drws ffrynt?" ymunodd y bachgen clyfar yna, Deio Dafis.

Trodd y dorf i gyd i edrych ar y drws ffrynt wrth i'r Maer sythu coler ei siwt a chamu ymlaen. Gwenodd ar y dorf er mwyn tawelu eu meddyliau a chnocio'n gadarn ar y drws.

Cnoc-cnoc-cnoc.

Dim byd.

Gwenodd y Maer eto, peswch, a gwthio'r drws.

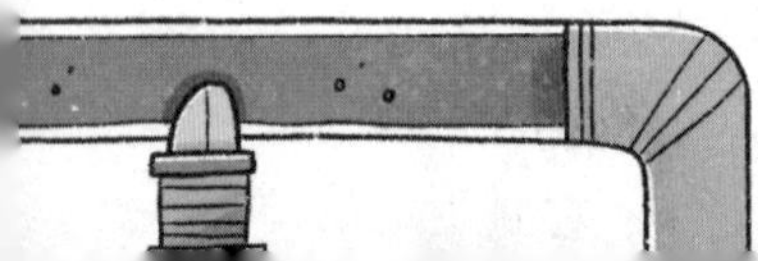

“Brensiach y bratiau, mae’r bachgen yn iawn!” llefodd wrth i’r drws ffrynt agor. Llifodd y pentrefwyr i mewn i’r ffatri dywyll fel praidd o eifr llwglyd, gan bendroni pa syrpréis hudol fyddai’n gallu bod o’u blaenau.

Ar yr un eiliad yn union, cyrhaeddodd rhieni Sgwter yn ôl o’u trip at y cyfreithwyr. Dyma nhw’n gwyro’r car oddi ar y ffordd gul yn flinedig a digalon, cyn cael eu croesawu gan grŵp enfawr o bentrefwyr mewn ffrogiau a siwtiau crand. Roedden nhw wedi cyffroi’n lân ac yn cerdded yn un rhes i mewn i’r ffatri dywyll.

“Pam mae holl oleuadau’r ffatri wedi eu diffodd?” gwgodd mam Sgwter. “Dwyt ti ddim yn credu mai rhywbeth i’w wneud â Sgwter a Fflwffen yw hyn, wyt ti?” Ymunodd y ddau â chefn y ciw.

“Dydy Beti ddim yma hyd yn oed!” ebychodd tad Sgwter wrth iddyn nhw gyrraedd y ffynnon ddymuno. “Falle y dylen ni ddweud wrth bawb am fynd adre. Dwi... ymmm... esgusodwch fi.”

Safodd ar ymyl y ffynnon. "Mae arna i ofn bod yr ymmm... Ailagoriad Anhygoel..." Gwrandawodd y pentrefwyr yn astud. "Wel, mae e wedi ei gansl—" Dechreuodd y ffynnon ysgwyd a chrynu oddi tano. Rhoddodd y gorau i siarad.

Beth ar y ddaear oedd yn digwydd?

WWWwwwWSSsssSHHHHHHHHH!

Edrychodd pawb yn llawn rhyfeddod wrth i danc arfog oren llachar wibio uwch eu pennau tuag at y ffatri.

Dyma nhw'n syllu wrth iddo hofran am eiliad, wedi ei orchuddio â golau oren ysgafn. Edrychodd Sgwter Cadwaladr, y bachgen oedd yn byw yn y ffatri jam, allan arnyn nhw gan wenu.

"Croeso i Ffatri Jam Cadwaladr!" Gwenodd o glust i glust wrth i estron bach mewn tarten jam hedfan allan o ddaliwr cwpan.

"Y ffatri jam fwyaf arbennig yn y byd i gyd!" gwenodd Fflwffen yn swil.

"Ie wir!" Hedfanodd Cadi allan o'r tu ôl i'r beic cwad wrth i Seimon a Cyrnol Pom Pom chwildroi yn yr awyr.

Dechreuodd y pentrefwyr i gyd guro dwylo yn wyllt.

"Ond peidiwch hyd yn oed ag ystyried dwyn unrhyw beth ohoni." Syllodd Beti i lawr yn fygythiol o lle'r oedd hi a Boris yn sefyll ar gefn canon bach oedd yn hedfan.

Tarodd y cloc chwech o'r gloch ac ar yr union eiliad honno, dechreuodd y teclynnau a'r peiriannau robotig enfawr oedd wedi eu rhaglennu o flaen llaw weini Ffis Jam Lemon i'w yfed, brechdanau jam oedd yn goleuo yn y tywyllwch, Selsig Jam Gwm Swigod a Hufen Iâ Jam Mefus Myglyd i'r haid o bentrefwyr bodlon.

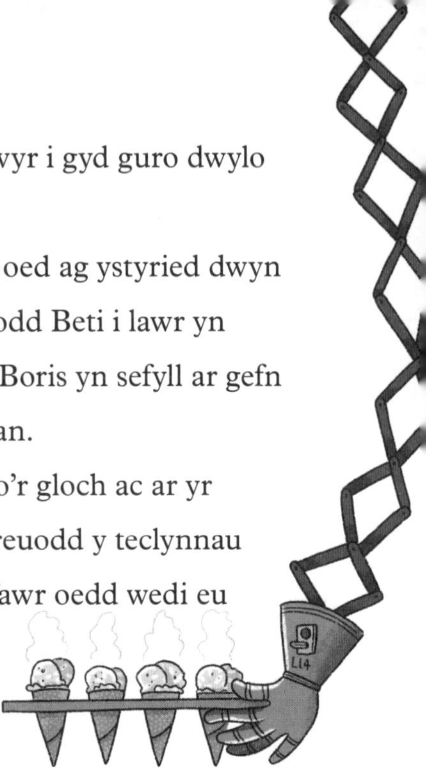

"Mae Fflwffen yn meddwl bod Sgwter wedi taro'r pentrefwyr yn fud wrth ddod i mewn fel hyn." Gwenodd Fflwffen.

"Dwi'n meddwl mai eu taro nhw gyda jam rwyt ti'n ei olygu!" Chwarddodd Sgwter.

"Sgwter!" Wrth i CRAD lanio ar lawr y ffatri,

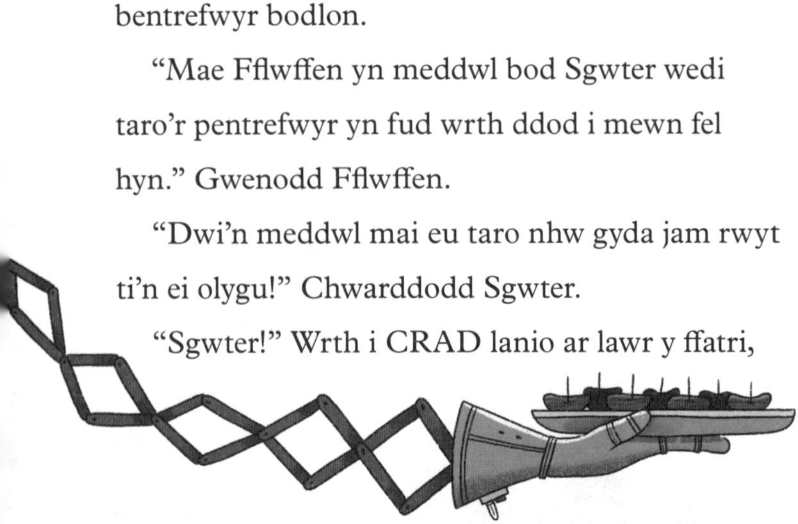

rhedodd rhieni Sgwter draw ato a'i gwtsho'n dynn. "Beth sy'n digwydd?" Trodd y ddau i edrych ar Seimon, Cyrnol Pom Pom a Cadi. Yna ar Beti a Boris.

"Peidiwch â phoeni," tawelodd Sgwter eu meddyliau, wrth i Fflwffen hedfan yn ei ymyl yn ôl yr arfer. "Mae popeth yn mynd i fod yn iawn."

"Ydyn, peidiwch chi â phoeni!" Llithrodd Beti i lawr o'r canon bach oedd yn hedfan a gosod Boris yn ddiogel yn ôl yn y cariwr babi. Rhoddodd ei breichiau am ysgwyddau rhieni Sgwter. "Gadewch i'ch hen ffrind, Beti, esbonio'r cyfan wrthych chi."

Un mis yn ddiweddarach...

Gwyliodd Sgwter wrth i graen enfawr dynnu'r arwydd ~~*Toesenni*~~ *Jam Bechingalw* i lawr o ben Tŵr Bechingalw a rhoi arwydd newydd yn ei le.

Jam Cadwaladr.

"Byddai Hen Dad-cu Barti Bechingalw yn

falch bod dyfeisiwr jam go iawn yn cymryd yr awenau." Sythodd Beti ei het *Pennaeth Diogelwch* newydd yn falch wrth gymryd brathiad o Fisged Jam. "Ond dwi'n dal i feddwl bod *Jam Bechingalw* yn enw gwell o lawer."

"**Gwich**." Prociodd pen Boris allan o'r cariwr babi. Roedd yn gwisgo coler *Dirprwy Bennaeth Diogelwch* sgleiniog.

"Dere yn dy flaen, Boris." Patiodd Beti'r hosan oedd wedi'i gwthio i'w gwregys. "Gad i ni fynd o gwmpas y lle unwaith eto i wirio bod y ffatri'n ddiogel."

"**Gwich**." Daliodd Boris ei ganon jam i fyny yn fygythiol.

"Sgwter!" Hedfanodd Fflwffen tuag atyn nhw yn eiddgar gan ddal llwyaid o jam yn ei llaw fach.

"Beth yw hwn, Fflwff?" Gwenodd Sgwter.

"Dyfais newydd arall?"

"Ffigysen Arnofiol yw hi." Hedfanodd Cadi y tu ôl i Fflwffen. "Mae'n rhaid i ti ei thrio hi!"

Doedd hi heb fod yn hawdd perswadio Mam a Dad i adael i Fflwffen ddefnyddio'i dyfeisiadau estron. Ond roedd Sgwter yn benderfynol fel yr

arfer a gwrthododd gymryd na fel ateb. Roedd Sgwter yn credu'n gryf fod gan Fflwffen hawl i weithio ar ei dyfeisiadau hi, fel yr oedd ganddo ef hawl i weithio ar ei ddyfeisiadau ei hun. Cyn gynted ag y daeth yr Ailagoriad Anhygoel i ben, bu Sgwter wrthi ddydd a nos yn esbonio wrthyn nhw sut roedd dyfeisiadau Fflwffen wedi achub ei fywyd, mewn gwirionedd, *ac* wedi helpu i achub eu ffatri nhw. Yn y diwedd cawson nhw lond bol a chytuno. Ond dim ond ar yr amod pendant y byddai'n rhaid i holl ddyfeisiadau Fflwffen gael eu profi'n ofalus, cyn iddyn nhw gael eu hychwanegu at *unrhyw* un o jamiau'r teulu Cadwaladr.

Roedd Cadi wedi cytuno'n barod i fod yn gyfrifol am brofi'r blasau.

"O, ga i flasu mymryn?" Syllodd Beti i lawr ar y llwy yn llaw Fflwffen. "Bydd hynny'n help i fi a Boris heno yn ein gwersi dawnsio *Perchennog a'i Anifail Anwes*. Ro'n i'n pendroni tybed sut ro'n ni'n mynd i ddod i ben â'r *lifft* newydd."

"Gwich." Nodiodd Boris, â golwg o ryddhad ar ei wyneb bach.

Roedd Seimon a Cyrnol Pom Pom wedi penderfynu peidio â gadael y dref wedi'r cyfan. Doedden nhw ddim eisiau symud yn rhy bell o'r ffatri, gan eu bod nhw bellach wedi darganfod jam. Yn lle hynny, roedden nhw wedi sefydlu stiwdio ddawns *Perchennog a'i Anifail Anwes* newydd sbon (a rhyfeddol o boblogaidd) ym mhentref Llwynhelyg. Beti

a Boris oedd y pâr cyntaf i gofrestru ar gyfer y gwersi.

"Edrych, Sgwt!" Cerddodd Mam tuag atyn nhw, gan chwifio erthygl papur newydd yn yr awyr yn llawn balchder. Roedd Dad yn ei dilyn hi, gan sgwrsio â rhieni Cadi wrth iddyn nhw gario basged bicnic enfawr rhyngddyn nhw.

“Rwyt ti yn y newyddion eto!” Daliodd Mam y papur newydd i fyny iddo gael gweld a mwytho’i wallt yn falch.

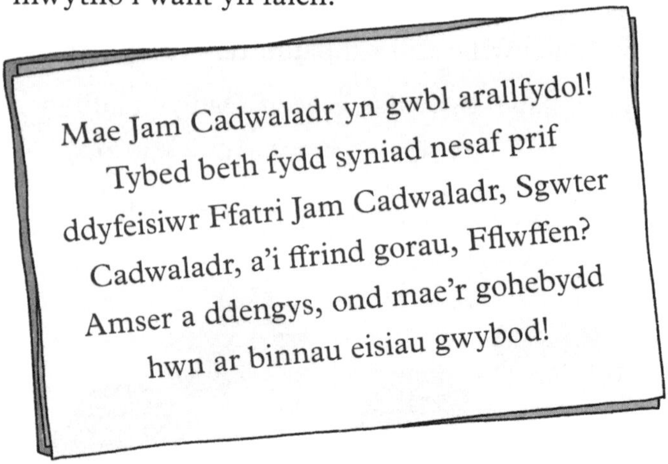
Mae Jam Cadwaladr yn gwbl arallfydol! Tybed beth fydd syniad nesaf prif ddyfeisiwr Ffatri Jam Cadwaladr, Sgwter Cadwaladr, a’i ffrind gorau, Fflwffen? Amser a ddengys, ond mae’r gohebydd hwn ar binnau eisiau gwybod!

O dan yr erthygl roedd llun o Sgwter yn wên o glust i glust yn ei gôt labordy wen, a Fflwffen yn hofran wrth ei ysgwydd fel arfer.

“Barod am y picnic, Sgwt?” gofynnodd Dad.

“Ydw.” Gwenodd Sgwter wrth eistedd ar gefn beic cwad oren llachar, a CRAD 2 wedi’i beintio ar ei draws ar ddiferyn o jam. Hedfanodd Fflwffen i lawr i’r daliwr tarten jam a dringodd Cadi ar gefn y beic wrth ei ymyl.

Estynnodd Robot-Law Tri allan i agor panel

rheoli cudd a phwysodd Sgwter fotwm newydd.

HEDFAN.

"Barod?" gwenodd Sgwter wrth i'r ddau wibio i fyny i'r awyr gyda'i gilydd.

Y DIWEDD

Beth yw parlys yr ymennydd?

Mae gan arwr y llyfr hwn, Sgwter Cadwaladr, barlys yr ymennydd (*cerebral palsy*). Cyflwr yw hwn sy'n effeithio ar ei gyhyrau a'r ffordd mae'n symud. Mae'r negeseuon rhwng ei ymennydd a'i gorff yn gallu mynd braidd yn gymysglyd neu fynd ar goll.

cerebral → ymennydd
parlys → cael trafferth rheoli'r cyhyrau, ac felly symudiad, yn y corff

Gall parlys yr ymennydd effeithio ar wahanol rannau'r corff.

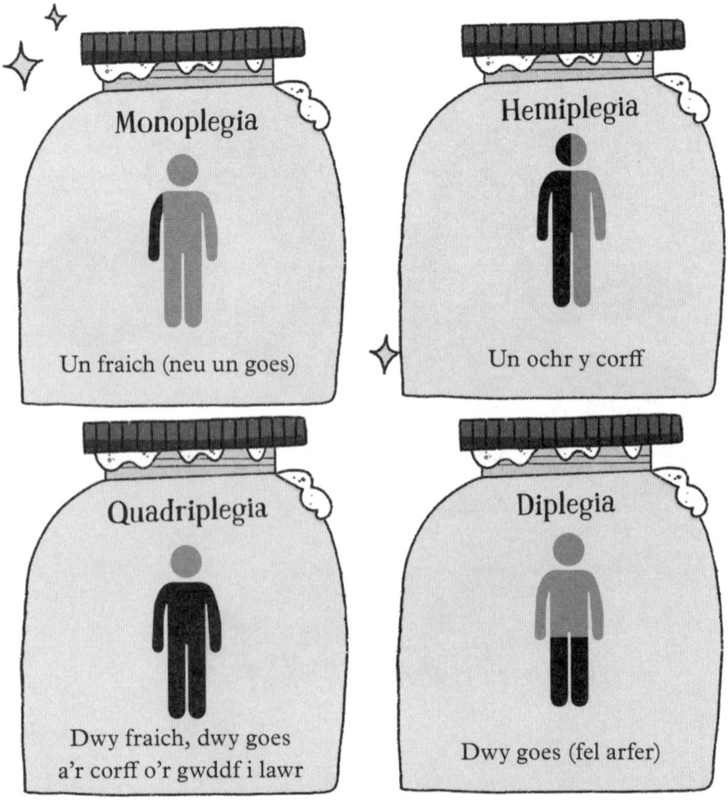

I Sgwter, mae'n golygu bod y cyhyrau ar ochr chwith ei gorff braidd yn stiff. Mae'n gwisgo sblint ar ei goes chwith er mwyn rhoi cefnogaeth ychwanegol iddo fedru sefyll a cherdded yn haws. Ond mae parlys yr ymennydd yn effeithio ar bob unigolyn yn wahanol.

Mae parlys yr ymennydd yn effeithio ar tua 1 o bob 400 o blant sy'n cael eu geni yn y DU.

Mae tri phrif fath o barlys yr ymennydd:

- **Parlys yr ymennydd sbastig**
  Dyma'r math mwyaf cyffredin. Mae sbastigedd yn gwneud y cyhyrau'n dynn ac yn stiff, gan wneud symud yn anodd.

- **Parlys yr ymennydd camsymudol (athetoid)**
  Mae parlys yr ymennydd camsymudol yn gwneud i'r corff symud heb reolaeth ac mae'n gallu effeithio ar lafaredd neu iaith.

- **Parlys yr ymennydd atacsig**
  Mae atacsia yn gwneud cydbwysedd a chydsymud yn anodd, gan wneud i'r symud fod yn sigledig. Gall hyn effeithio ar lafaredd ac iaith.

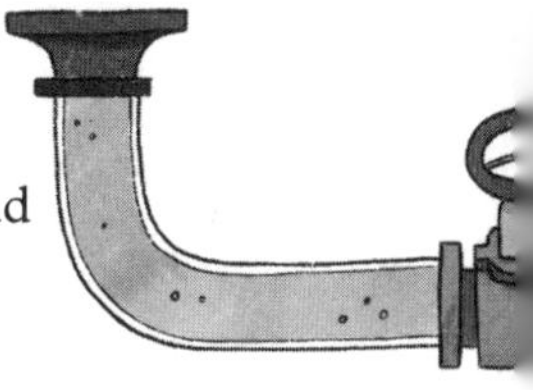

MAE PARLYS YR YMENNYDD AR BOBL DRWY GYDOL EU BYWYD.

Gall parlys yr ymennydd achosi problemau symud, anadlu, cydbwysedd, cysgu, bwyta, ystum, clywed, gweld a siarad.

Gwnewch eich bisgedi jam eich hun

Cynhwysion

80g siwgr caster
175g menyn meddal
225g blawd plaen
Jam – dewiswch chi pa flas

Cofiwch ofyn am help gan oedolyn wrth ddefnyddio'r ffwrn.

Offer

Powlen
Pin rolio
2 dun pobi wedi eu hiro a'u leinio â phapur gwrthsaim
Clorian
Rac oeri
Llwy bren
Llwy de
Torwyr: Cylchoedd 7cm a 4cm

1. Cynheswch y ffwrn i 160°c/ 140°c ffan/nwy 3.

2. Curwch y siwgr a'r menyn mewn powlen hyd nes eu bod yn llyfn ac yn ysgafn, yna ychwanegwch y blawd a chymysgwch yn dda. Defnyddiwch eich dwylo i greu dwy belen o does.

3. Gosodwch un belen o does rhwng dwy ddalen o bapur gwrthsaim. Gan ddefnyddio pin rolio, roliwch y toes nes ei fod yn 5mm o drwch. Yna, defnyddiwch y torrwr mwyaf i dorri eich bisgedi. Roliwch unrhyw does sydd dros ben ac ailadroddwch y cam. Dylai fod gennych 8-10 bisged.

4. Rhowch eich bisgedi ar y tuniau pobi wedi eu hiro a'u leinio.

5. Ailadroddwch gam tri gyda'r ail belen o does. Gan ddefnyddio'r torrwr llai, torrwch ganol eich bisgedi allan a'u gosod ar y tuniau pobi.

6. Oerwch yn yr oergell ar y tuniau am 10 munud.

7. Pobwch am 12-15 munud hyd nes bod y bisgedi yn lliw euraidd ysgafn. Oerwch ar y tuniau am 5 munud, yna codwch y bisgedi'n ofalus a'u gosod ar rac oeri.

8. Pan fydd eich bisgedi yn teimlo'n oer, taenwch y jam (tua 1 llwy de i bob bisged) ar y bisgedi cyfan. Yna gosodwch yr ail fisged â'r twll yn ei chanol ar ben y jam i wneud brechdan.

9. Ta-da! Byddai Ffatri Jam Cadwaladr yn falch ohonoch chi! Nawr mwynhewch fwyta eich bisgedi jam bendigedig!

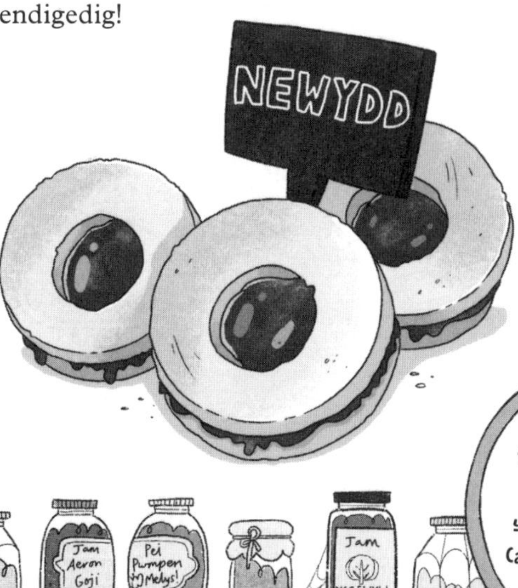

Cafodd y rysáit hynod flasus hwn ei ddatblygu gan gogyddion ymgynghorol Ffatri Jam Cadwaladr, Lucy ac Edith Longlade.

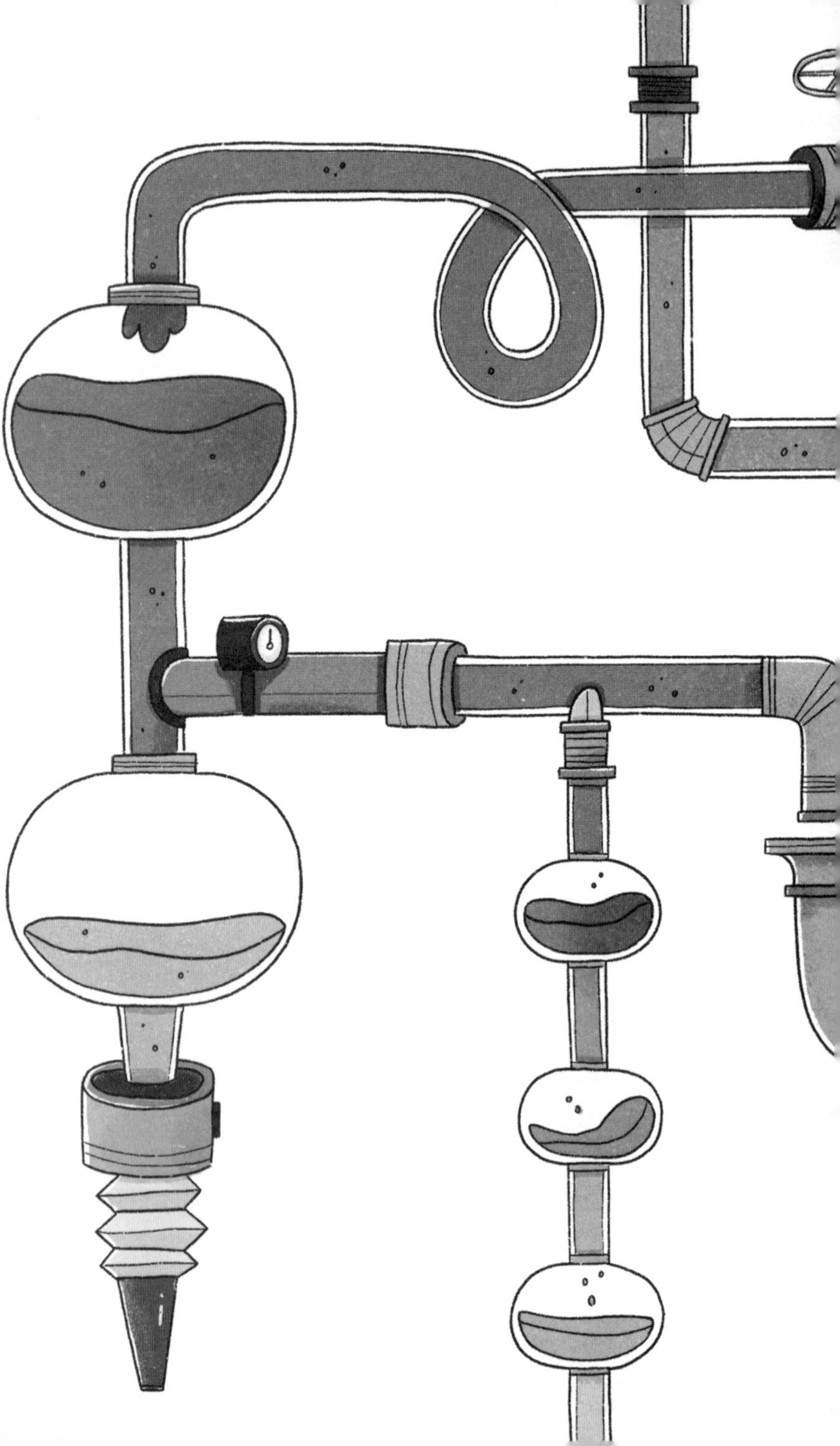

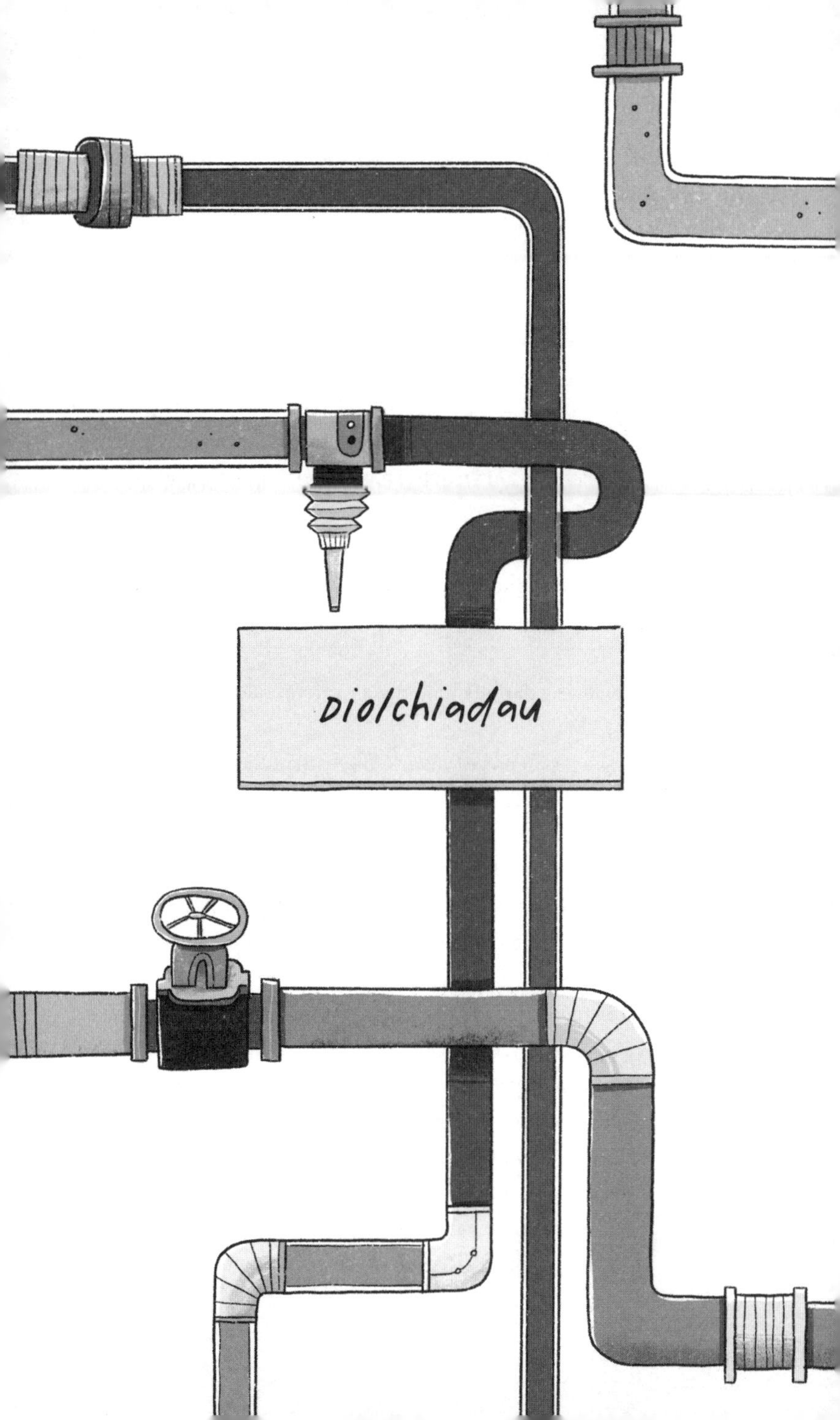
Diolchiadau

Mae ysgrifennu llyfr yn eithaf tebyg i chwilio am drysor. Mae angen map arnoch chi, cryn dipyn o ystyfnigrwydd ac, yn bwysicaf oll, pobl arbennig i ymuno â chi ar yr antur.

Diolch o galon i:

- Fy asiant Kate Shaw sydd, yn syml iawn, yn jamtastig.
- Fy ngolygyddion, Frances Taffinder a Non Pratt. Allwn i ddim fod wedi gofyn am bâr gwell, mwy talentog, mwy hwyliog a hollol hyfryd i gydweithio â nhw a dod ag ail antur Sgwter a Fflwffen i'r byd. Diolch am fod yn gefn i fi ac am eich holl nodiadau a syniadau gwych.
- Yr holl dîm anhygoel yn Walker Books, ac yn enwedig y dewin dylunio, Jamie Hammond, sy'n ychwanegu pinsiaid o hud a lledrith i dudalennau llyfrau, yn debyg iawn i swynion Fflwffen ar jam Sgwter.
- Jenny Taylor – y darlunydd gorau a'r mwyaf talentog ERIOED. Ti yw Y JAM.
- Fy holl gyd-ysgrifenwyr (yn enwedig fy ffrindiau *Golden Egg*), blogwyr llyfrau, a fy mêts Instajam a Twitter. Diolch arbennig i Jen a Toby O'Brien.
- Fy holl deulu a ffrindiau hyfryd – fyddwn i ddim yma heboch chi. Diolch arbennig i Lucy ac Edith Longlade am ddatblygu a phrofi'r rysáit bisgedi jam bendigedig (ac am ddod â'r bisgedi i fi – iym).
- Abigail, fy merch fedydd, sy'n parhau i ysbrydoli anturiaethau jamllyd Sgwter. A'i mam, Carrie, am ei hadborth craff a'i chyfeillgarwch. Rwyt ti'n arbennig.
- Ac yn olaf, diolch i fy ngŵr bendigedig a'n plant, Meg a Hattie. Am wrando pan fydda i'n cyhoeddi blas jam newydd sbon wrth fwyta swper, am beidio â chael llond bol ar drafod fy nghyfyng-gyngor diweddaraf yn ymwneud â phlot, ac am chwerthin ar fy jôcs jamllyd bob amser. Rydych chi'n fy ngwneud i'n gyflawn.